Cindy Ruch

woanders wachsen mangos

Vom Wegsein,
der großen Liebe Australien
und dem Versuch, die
Sehnsucht zuhause zu stillen

Mit Fotografien der Autorin

Reisedepeschen
Außergewöhnliche Reisebücher seit 2018

Die Zitate auf Seite 7 sind entnommen aus
Rebecca Solnit: *Die Kunst, sich zu verlieren. Ein Wegweiser,*
aus dem Englischen von Michael Mundhenk

sowie
Randolph Stow: *The Merry-Go-Round in the Sea,*
erschienen 1965 bei MacDonald, London.

Originalausgabe
1. Auflage, März 2023, Berlin

reisedepeschen.de

ISBN 978-3-96348-025-6

Gestaltung und Herstellung lagen in den Händen von Johannes Klaus.
Das Lektorat übernahm Katharina Wulffius. Druck und Bindung
nahm PNB Print vor. Gedruckt wurde auf Munken Print Cream,
zertifiziert mit dem EU Ecolabel, FSC und Cradle to Cradle bronze.
Dieses Buch wurde klimaneutral produziert.

Vielen Dank an VG WORT für das Stipendium NEUSTART KULTUR, das
die Arbeit der Autorin an diesem Buch unterstützt hat.

NEU START KULTUR
Die Beauftragte der Bundesregierung für Kultur und Medien
VG WORT

Die Deutsche Nationalbibliothek verzeichnet diese Publikation in der
Deutschen Nationalbibliografie; detaillierte bibliografische Daten sind im
Internet über http://dnb.dnb.de abrufbar.

Reisedepeschen ist ein klimaneutraler Verlag:
climatepartner.com/15175-2010-1001

Für meine Eltern,
Jen
und alle mit einem Sehnsuchtsland

Vielleicht, weil man zwar die Zeit nicht zurückdrehen, aber sehr wohl zu den Schauplätzen einer Liebe, eines Verbrechens, eines Glücks und einer verhängnisvollen Entscheidung zurückkehren kann; was bleibt, was einem gehört, was unsterblich ist, das sind diese Orte. Sie werden zur konkreten Landschaft der Erinnerung, die Orte, die einen geprägt haben, und auf gewisse Weise wird man selbst zu ihnen. Sie können einem gehören, doch letztendlich gehört man ihnen.

— Rebecca Solnit, *Die Kunst, sich zu verlieren: Ein Wegweiser*

The world the boy had believed in did not, after all, exist. The world and the clan and Australia had been a myth of his mind, and he had been, all the time, an individual.

— Randolph Stow, *The Merry-Go-Round in the Sea*

Pull handle to post bulky items
This posting box is cleared each
Tuesday and Thursday
(Except Public Holidays)
Clearance time is controlled by tides
AUSTRALIA
POST

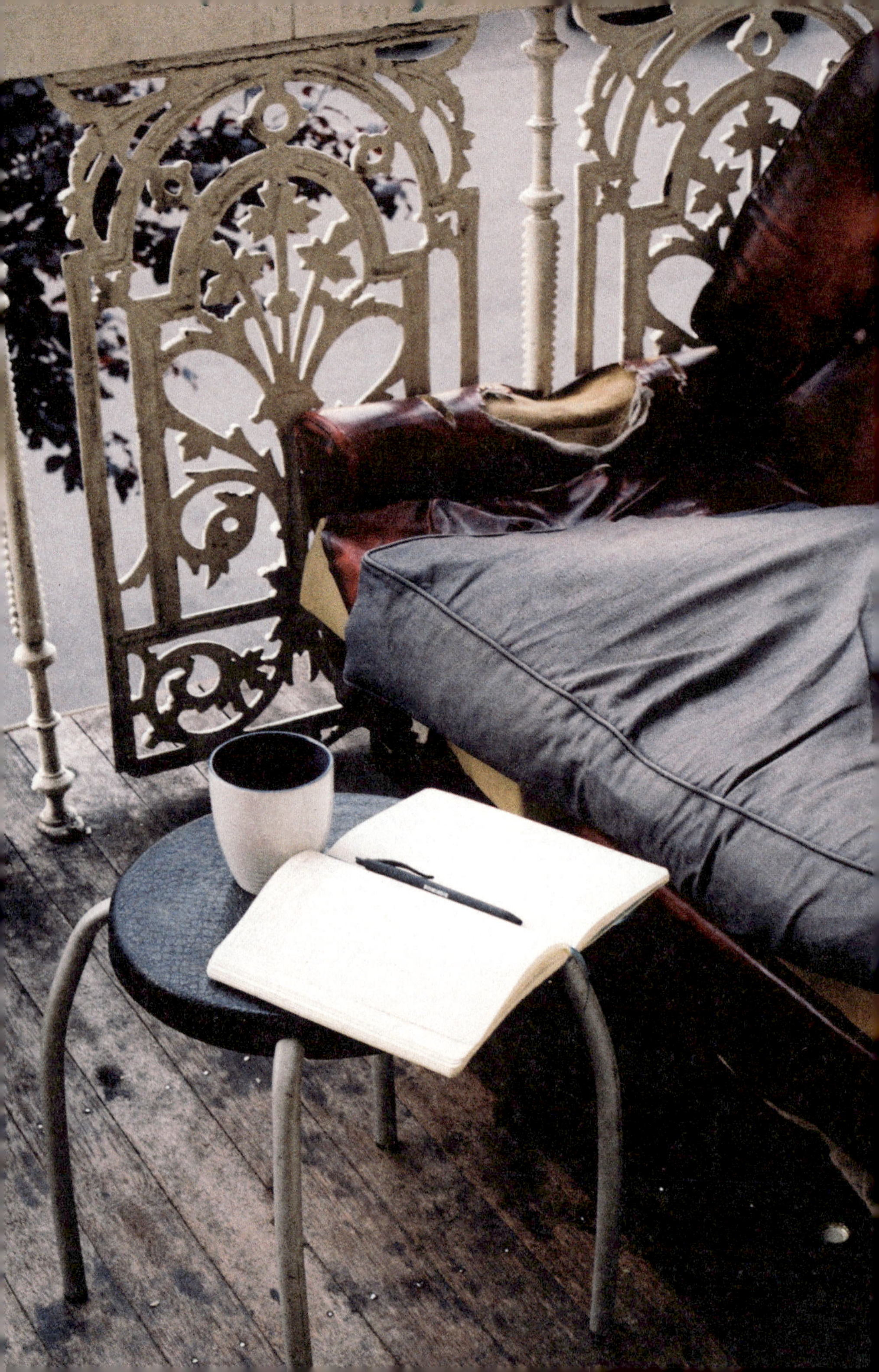

Annähern

Einweckglas

Ein Glas mit Sand aus dem Outback steht auf meinem Schreibtisch. Staub auf dem Deckel, ich öffne es nie, habe Angst, dass der Inhalt verschwindet. Verschüttet, verpufft, Farbe verblasst. Gibt es ein Mindesthaltbarkeitsdatum von konserviertem Wüstensand? Eingekochte Marmelade wird über die Zeit bräunlicher. Ich kann ja von Außen hineinschauen, das Glas schwenken, die rotbraunen Sandkörner mit den kurzen Grashalmen rieseln lassen.

Ich drehe das Glas, drehe meinen Kopf, die Sandkörner laufen Richtung Deckel in ihren rostroten Kleidchen, und ich möchte kurz daran glauben, dass ich den weiten Himmel und die Hitze mit abgefüllt habe, womöglich auch eine Fliege, die mir entgegen surrt, würde ich es öffnen.

Anfang

Hinterher kann man immer nur ahnen, wann etwas begonnen hat. Mit den Koala-Keksen von meinen Urgroßeltern. Mit Blinky Bill und Ocean Girl im Fernsehen und meinen Versuchen, den wellenförmigen Schwimmstil des Meermädchens im Baggersee statt zwischen den Whitsunday Islands nachzuahmen. Oder mit dem Wandteppich, den mir mein Onkel aus Australien mitbrachte, mit den Buchstaben und Bildern, die nie zusammenzupassen schienen – B für Vogel, C für Auto. Oder 2006, mit meiner Ankunft in Australien.

Ist es überhaupt wichtig, nachzuverfolgen, wie und wann etwas anfing, ist es nicht viel wichtiger, wie oft man sich dafür entscheidet? Die Häufigkeit und das Näherrücken mit jedem Mal machen es aus, ob man sich mehr oder weniger in ein Land verliebt. Ich erinnere mich an einige Male, die mich so nah brachten, wie ich noch nie zuvor einem Land außer meinem eigenen war.

Nachts um zwei Uhr lande ich das erste Mal in Perth in Westaustralien. In den letzten 17 Stunden sah ich Sterne über den Wolken, eine ewige Wüstenlandschaft mit einzelnen Straßenlinien, gepunktete Inselgruppen vor Dubai, das weite Meer. Auf meinem Fenstersitzplatz habe ich halb schlafend, halb schauend die Welt umrundet.

Dann komme ich an, stehe gedrängt mit anderen Reisenden in der Schlange vor der Passkontrolle, am Gepäckband und in der Eingangshalle. Als ich hinaus in die kühle Septemberluft trete, verschwinden alle in den Taxen und Autos, die sie abholen. Ich bleibe übrig. Die Straße ist beleuchtet, dahinter ist es still, dunkel und unbekannt. Zwölf Kilometer sind es bis in das Stadtzentrum. Es soll einen günstigen Shuttlebus geben, den man anrufen kann. Ich sehe kein Telefon. Und keine andere Person, die nicht weiß, wohin.

Ich laufe herum, mein schwerer Rucksack auf dem Rücken, bis ich das Telefon an der Wand bei der Bushaltestelle finde. Als ich den Hörer abnehme, spricht ein Mann sofort los. Ich verstehe ihn kaum. Meine Abiturnote in Englisch: befriedigend. Ich stottere Wörter in den Hörer: *airport, bus, hostel.* Lege auf und hoffe, dass jemand kommen wird. Ich warte.

Australien war immer mein Traum. Ich sparte das Geld meiner Ferienjobs dafür, hatte nur diesen einen Plan nach dem Abitur und keinen weiteren. Den wollte ich verwirklichen. Womöglich wollte ich mir beweisen, dass ich alles schaffen konnte, wenn ich es nur wollte. Dass ich mehr als nur eine Tagträumerin war.

Der weiße Bus biegt um die Ecke. Als ich einsteige, fühle ich mich wie zuvor im Flugzeug, beruhigt, unterwegs zu sein, fast schwerelos wie unter Wasser, als hätte ich mich mit beiden Beinen vom Beckenrand abgestoßen und würde nun wieder einer Wasserströmung folgen. Ich muss mich nur treiben lassen, ganz frei. So bewegen wir uns durch die Dunkelheit zum Lichtpulk am Horizont, wo Perth sein muss.

Der Schlüssel soll im Briefkasten liegen, habe ich mit dem Hostelbesitzer zuvor per E-Mail vereinbart. Der Bus fährt davon. Ich greife durch den Briefschlitz. Da ist nichts. Ich drücke die Klingel. Einmal. Zweimal. Dreimal. Jemand fummelt am Schloss herum, öffnet die Tür, betrunken. »Hey, welcome!« Ich bin müde, suche mir ein Bett im ersten Zimmer rechts, krame im Dunkeln meinen Schlafanzug aus dem Rucksack, krieche unter die Bettdecke und schließe die Augen. Es ist keine Strömung mehr da, das fremde Straßenlicht flackert durch die Gardine. Ich kann kaum glauben, dass der Traum Australien nun diese Wirklichkeit ist, und warte darauf, aufzuwachen.

An meinem ersten Tag in Perth regnet es. Ich laufe durch das Zentrum, an Malls und Cafés vorbei, zum Fluss, und finde nichts, was mich interessiert. Gehe in einen Supermarkt und erschrecke, wie teuer alles ist, kaufe weißes Toastbrot, Marmelade, Nudeln, Tomatensauce, und laufe wieder zurück zum Hostel. Ich versuche mich zu erinnern, wie mein Traum im Detail aussah: Abflug, Zwischenlandung, Ankunft. Doch die Fortsetzung dieser Reihenfolge verliert sich wie die Gesprächsfäden im Hostel. Ich verstehe, woher die anderen Backpacker kommen, manchmal auch ihre Namen, doch wenn sie mir von ihren Plänen in schottischen, irischen und britischen Akzenten erzählen, kann ich kaum folgen.

Sie geben sich Mühe, wiederholen ihre Sätze, variieren ihre Wörter. Ich kann nur lächeln, dankbar, entschuldigend, verzweifelt, wenn ich sie immer noch nicht verstehe, wir nicht über den Anfang des Gesprächs hinauskommen, und verlasse das Hostel erneut, um an Malls und Cafés vorbei und zum Fluss zu laufen, während es weiter regnet. Nachmittags flüchte ich in eine Telefonzelle und rufe in Deutschland an, wo meine Eltern gerade frühstücken.

Zukünftig werde ich immer diese Mischung aus Ungläubigkeit, Freiheit und Traurigkeit am ersten Reisetag verspüren, wenn ich alleine losziehe. Zukünftig werde ich oft mitweinen, wenn ich Verabschiedungen an Flughäfen sehe. Zukünftig weiß ich, dass ich warten muss, bis etwas passiert und funktioniert.

Ich warte und laufe nicht lange alleine, schon gar nicht im Regen. Am Swan River lerne ich Susanne kennen und spaziere mit ihr durch die Eukalyptusallee des Kings Park. In einem anderen Hostel treffe ich Sarah, mit der ich zum Scarborough Beach fahre und übers Schreiben rede. Abends sitzen wir mit Australiern aus Melbourne zusammen, die in Westaustralien Geld verdienen möchten, und trinken Goon, günstigen australischen Wein aus Vier-Liter-Tetrapacks. Ich bewundere Sarah, die ganze Geschichten auf Englisch erzählt, während ich noch jeden einzelnen Satz im Kopf vorbereiten muss. Ich höre zu und lerne langsam australisches Hostelvokabular: *dorm room* heißt Mehrbettzimmer, *bunk bed* Doppelstockbett, *cockroach* Kakerlake, *bed bugs* Bettwanzen, *kettle* Wasserkocher, *crunchy peanut butter* Erdnussbutter mit Erdnussstückchen, *pub crawl* Kneipentour, *tipsy* beschwippst, *wasted* betrunken, *notice board* Schwarzes Brett, *lift* Mitfahrgelegenheit, *thongs* Flipflops, *Fruity Lexia* ist süßer Weißwein im Tetrapack und *free food shelf* ein Regalfach in der Hostelküche mit gratis Nudeln, Reis oder Konservendosen, die andere Backpacker zurückgelassen haben. Bald verstehe ich auch die Reisepläne der anderen: Westküste, Ostküste, oft auch das Rote Zentrum. Ich höre Missy Higgins *Going North* auf meinem iPod und finde einen Zettel von Janosch am Schwarzen Brett, der einen Roadtrip nach Broome plant. Ich verabrede mich mit ihm.

»Du wirst mich erkennen«, schreibt Janosch, bevor wir uns treffen. Ich sitze im Zug nach Fremantle, der Hafenstadt von Perth, und schaue mich um. Wie könnte er aussehen? Der mit den strohblonden Haaren in der Ecke? Der mit dem fast auseinanderfallenden Rucksack? Ich steige aus, die Sonne blendet, da steht er vor mir: ein Viertel größer als ich, mit braunen Haaren, die sich wild in alle Richtungen locken.

»Was hast du vor?«, fragt er mich. Er macht gerade eine Auszeit, in Deutschland studiert er Geografie.

Es soll unser erster Roadtrip werden. Wir wollen zelten, Lagerfeuer machen, Neues entdecken, Richtung Norden fahren. Einen Monat lang. In einem Hostel mit Wellblechhütten finden wir André und Sven, die nach dem Zivi und vor dem Studium hier gelandet sind. Sie haben die gleiche Idee und das Auto. Der Plan steht: Anfang Oktober werden wir gen Norden an der Küste entlang bis Port Hedland fahren.

Westaustralien ist wilder und abgelegener als die anderen fünf Bundesstaaten des Kontinents. Er ist wie ein eigenes Land, zu dessen Hauptstadt Perth die Züge aus dem Osten mindestens drei Tage brauchen. Auf Weltkarten ist Platz genug, um 300-Einwohner-Städte an der Küste zu verzeichnen. Sonst würde der Küstenstreifen leer aussehen. Jeder Mensch hat theoretisch einen Quadratkilometer nur für sich – in Deutschland müssen sich 240 Menschen diesen Platz teilen. Zwischen den Städten ist es menschenleer und naturreich, und es ist diese Wildnis, die wir suchen. Das tägliche Entdecken von neuen Landschaften und Orten, das zeitlose Weiterfahren.

In das Auto quetschen wir vier Rucksäcke, Andrés Gitarre, Janoschs Campingstuhl und immer einen Pappkarton voller Bierdosen. »Guckt mal!«, rufen wir, wenn ein Känguru am Auto vorbei springt oder ein Koala faul im Yanchep-Nationalpark herumhängt. Wir fahren durch Orte ohne Häuser. Straßenlaternen, Gartenmauern und Briefkästen markieren die Grundstücke. Abends lassen wir die Tage am Lagerfeuer Revue passieren. Erinnern uns an die Pinnacles in der sandigen Steinlandschaft, an die Seesterne in der Lagune. Wir beginnen, Westaustralien zu sehen und uns zu erzählen.

Je weiter nördlich wir kommen, desto karger wird die Landschaft. Rechts und links nur roter Sand, trockene Sträucher und ein paar Ziegen. Ein mutiger Emu hechtet mit langen Beinen zwischen unserem Auto und dem entgegenkommenden Lastwagen hindurch, als wir merken, dass die Tanknadel gewagt nah bei Null steht. Tankstellen können hier hunderte Kilometer voneinander entfernt sein.

»Sind auf der Karte wirklich keine Tankstellen eingezeichnet?«, fragt André.

»Weißt du denn, wo genau wir sind?«, erwidert Sven.

Wir fahren im fünften Gang und rollen, wann immer es möglich ist.

Wir hatten die Tankanzeige ganz vergessen. Waren so beeindruckt vom Kalbarri-Nationalpark, schauten vom Aussichtspunkt bei Hawk's Head von weit oben über das Land in die Schlucht und kühlten unten am Fluss unsere Füße.

Nun schwitzen wir wieder.

»Wie viele Kilometer kann man noch fahren, wenn die Nadel bei Null steht?«, frage ich.

»Vierzig vielleicht«, antwortet Sven.

Schweigen. Kein Auto kommt uns mehr entgegen.

»Seit wie vielen Kilometern sind wir bei Null?«, frage ich.

Die Sonne sinkt tiefer über die Ebene. In unserem Auto sind wir nur ein kleiner, dahin rollender, grauer Strich in dieser mächtigen, weiten Landschaft. Keine gelben Ortseingangs- oder Ortsausgangsschilder wie in Deutschland, wo man zwischen 50 und 100 Stundenkilometern wechselt, wo man auf andere Menschen reagieren muss und abbremst, wenn ein Auto noch schnell die Spur wechselt, man Gas gibt, um Fahrradfahrende zu überholen, und wieder verlangsamt, um am Zebrastreifen anzuhalten. Hier ist nichts davon los.

Die Tanknadel ist im Minusbereich. Bald wird es kühler, die Kängurus werden die Wärme der aufgeheizten Straße suchen. Dann sollten wir nicht mehr fahren. Ein Zusammenstoß mit einem Känguru kann für beide Parteien böse enden. Im Kofferraum haben wir noch Nudeln, Saucen, Wasser.

Wir schweigen, als würden Wörter Benzin verbrauchen.

Dann taucht in der Ferne ein Schild auf. Dahinter ein flaches Gebäude.

»Na endlich!«, seufzt Sven, als hätte sich unsere Verabredung verspätet.

Wir rollen ein wie die Helden einer Outback-Exkursion und lachen, erleichtert. Sven füllt den Tank, André kauft sich eine Cola, Janosch fragt den Tankwart nach einem Übernachtungsplatz.

»Fahrt doch dort drüben rein«, schlägt er uns vor und zeigt auf die andere Straßenseite, wo struppige Büsche und kurze Bäume lange Schatten in den roten Sand werfen. Sie stehen weit genug auseinander, um im Slalom um sie herum zu fahren. Hinter uns stiebt roter Sand auf, wir halten an, als wir die Straße und das Billabong Roadhouse nicht mehr sehen können.

Es ist still, wir hören nur uns selbst, wie wir die Türen des Autos zuschlagen, die Zeltheringe in den Sand klopfen, das Nudelwasser auf dem knisternden Feuer zum Blubbern bringen. Eine rote Sandschicht legt sich schnell über unsere Schuhe, Füße, Zelte und die Motorhaube.

Zwischen den Sträuchern und Steinen liegen Knochen im Sand.

»Müssen Schafe sein«, meint André.

Das Licht des Lagerfeuers flackert gegen die kahlen Bäume. Wir füllen Goon in unsere Campingtassen, holen die Schlafsäcke und Isomatten aus dem Zelt, legen uns unter den großen Sternenhimmel, der so hell ist, als hinge eine Großstadt über uns. Irgendwo muss das Sternbild Southern Cross sein, Motiv der australischen Flagge und nur in der südlichen Hemisphäre zu sehen. Schon Mark Twain suchte es auf seiner Reise 1895 nach Australien, und dachte, es würde den ganzen Himmel einnehmen, so berühmt wie es sei. Ich suche es, während André neue Lieder auf seiner Gitarre übt, und finde viele mögliche Kreuze des Südens in winzigen und himmelsüberspannenden Sternbildern.

Wir kapseln uns ab von der restlichen Welt und gewöhnen uns schnell daran. Nur selten kommt eine SMS aus Deutschland durch. Alle paar Tage halten wir an einer orangefarbenen Telstra-Telefonzelle oder einem Internetcafé, um uns zuhause zu melden. Dann gehen wir wieder verloren, zelten am Ende von Feldwegen, am Strand oder auf roter Erde. Es gibt nur uns, das Meer im Westen und die ewig lange Straße gen Norden. Erst heißt sie Brand Highway, dann North West Coastal Highway, sie ist immer Teil des National Highway 1. Wir müssen ihr nur folgen und warten, was als nächstes passiert.

Oder sie kurz verlassen, um über die Schotterpiste des François-Péron-Nationalparks zu holpern. Janosch drückt sich das Lenkrad an die Brust, klebt mit der Nase fast an der Windschutzscheibe, um jedes tiefe Loch, jeden spitzen Stein und jede tiefe Sandstelle vor der Motorhaube zu erspähen.

»Sollen wir wirklich weiter?«, fragt Sven schon bald mit zweifelndem Blick. Ein Auto überholt uns. Mit dicken, hohen Reifen. Die Bezeichnung *four-wheel drive* benutze ich erstmals in Australien, in Deutschland sah ich selten Allradfahrzeuge.

Es scheppert unter meinem rechten Fuß.

Wir möchten kein Geld für Werkstattreparaturen ausgeben. Oder einen Abschleppdienst.

Janosch fährt links ran.

»Und nun?«

Es ist schon Nachmittag. Geplant war ein Tagesausflug an die Lagune. Doch am Vormittag haben wir die Zeit am weißen Strand und türkisblauen Wasser in Denham vergessen.

»Sollen wir laufen?«, schlage ich vor.

Wir haben ja sonst nichts zu tun. Fahren das Auto zum Parkplatz zurück, ziehen unsere Wanderschuhe an, schultern die Rucksäcke mit sechs Liter Wasser. Beginnen den roten, holprigen, staubigen Weg entlang zu wandern.

»Wisst ihr noch, wie weit es war?«

»Ich glaube, zwanzig Kilometer hin und zurück.« Janosch rechnet. »Das sollten wir schaffen.«

Wir können uns nicht verlaufen. Es gibt keine Abzweigung nach rechts oder links. Nur die zwei Spuren in der roten Sandlinie, denen wir zweieinhalb Stunden folgen. Es ist heiß, kein Hauch von Wind zu spüren, keine Anzeichen von Schatten zu sehen

»Wer hatte eigentlich diese Idee?«, fragt André und ich setze schweigend einen Fuß vor den anderen.

Als wir die Lagune erreichen, rechnen wir neu. Sonnenuntergang ist in zweieinhalb Stunden. Wir müssen sofort zurück, sonst wird es dunkel.

Und so drehen wir um, werfen nur einen kurzen Blick auf die Lagune, und laufen den gleichen Weg zurück. Vor, neben und hinter uns trockene Büsche, wie flachgedrückt vom breiten Himmel. Irgendwann schauen wir uns nicht mehr um sondern nur noch auf den roten Sand zu unseren Füßen. Es dauert länger als gedacht, mein Knie beginnt weh zu tun. Ich wünsche mir Wasser, Nudeln, eine Dusche oder eine Hängematte. Als die Sonne untergeht, leuchtet die Sandspur glutrot. Mein Kamera-Akku ist leer. Es bleibt nur das Weiterlaufen. Plötzlich ist es dunkel, als hätte jemand die Tür zum erleuchteten Flur zugemacht. Die Sonne ist weitergewandert, über uns tauchen die Sterne auf. Zu zweit gehen wir im Lichtkegel einer Stirnlampe, es ist still bis auf unsere Schritte.

»Meint ihr, das ist das Southern Cross?«, frage ich und zeichne ein Viereck über den gesamten Himmel.

Niemand antwortet.

Eine halbe Stunde später erreichen wir den Parkplatz, öffnen die Autotüren, setzen uns hinein, kurbeln die Fensterscheiben runter und reichen die warm gewordene Wasserflasche herum.

Ich löse mich gedanklich aus der Gruppe, aus dem Wir, starre hinaus in die Dunkelheit und fühle mich plötzlich müde und wach zugleich. Etwas hat mich aufgeweckt, inspiriert, eine Sehnsucht entfacht. Ich kurble das Fenster ganz herunter, als wir losfahren, sauge die kühle, sandige Luft ein und fahre mir mit der Zunge über die trockenen Lippen. Das ist es: das Outback. Diese verlässlich immer weiter werdende, endlose, sandige, gleichmäßige Landschaft.

Ich möchte sie am liebsten verinnerlichen.

In der australischen Literatur gibt es Methoden der Landschaftsverinnerlichung. Ich könnte roten Sand essen, frisch oder übersandt in einem Briefumschlag, um den Ort zu verinnerlichen wie Geordie in Tim Wintons *Der singende Baum*. Oder Gedichte lesen über das mutige und traurige Australien, um der eigenen Perspektive noch weitere hinzuzufügen wie Rob von Randolph Stows *The Merry-Go-Round in the Sea*. Oder einen Tag lang die Sonne aus einem Ledersessel beobachten, um die platte Landschaft mit Bedeutung aufzuladen wie der Erzähler von Gerald Murnanes *Die Ebenen*. Oder einmal quer durch das Outback mit vier Kamelen und einem Hund laufen wie Robyn Davidson.

Ich mache von allem etwas: atme den Sandstaub ein, lese australische Bücher, beobachte die Wanderung der Sonne über den Himmel, der hier viel mehr Platz einnimmt als anderswo, und bewege mich immer wieder in das Outback hinein. Nichts Extremes. Sondern eine langsame, sichere

Annäherung an ein Land, bei der sich roter Sand unter den Fingernägeln festsetzt.

Wir bleiben zwei Wochen an der Küste, das Meer im Westen und das Outback im Osten. Bei Exmouth verlassen wir den Highway 1 für einen Ausflug ins Hinterland, lassen das türkisfarbene Wasser mit den bunten Korallen und Fischen hinter uns. Die Haarspitzen sind noch salzig vom Indischen Ozean. Es wird heißer, je weiter wir Richtung Tom Price fahren. Schweißtropfen stehen uns auf der Stirn, die Klimaanlage funktioniert nicht. Bei den Büchern, die unter der Windschutzscheibe liegen, löst sich der Kleber. Xavier Rudd tönt aus den Lautsprechern, die Gitarre, die Mundharmonika, das Didgeridoo und sein Gesang sind wie ein Verstärker der Landschaft, unsere Fahrt darin wirkt unendlich. Dann kurbel ich das Fenster herunter, ein Schwall Luft kommt herein, dick wie ein Kopfkissen, drückt sich auf mich.

Meine Hände werden zittrig, als würden sie einschlafen. Ich kann die Grenze zwischen meinem Körper und der Luft nicht mehr ausmachen. Die Landschaft verschwimmt schneller als wir fahren. Sie scheint mich zu verinnerlichen – nicht andersherum.

Wir halten an.

Die Hitze verschluckt alle Töne, als wäre ich unter Wasser. Ich verstehe nicht, was die Jungs sagen. Sie reichen mir eine Flasche, legen mir ein feuchtes Handtuch auf die Stirn. Ich schließe die Augen und trinke, bis ich meine Hände wieder spüre.

Als ich die Augen öffne, verorte ich mich. Auf der Rückbank. Beide Beine hängen aus der offenen Tür, erreichen den Boden nicht. Die Jungs stehen in der prallen Sonne, beobachten mich. Ich beobachte die unglaubliche Weite hinter ihnen, die wieder zum Stillstand gekommen ist.

Es fühlt sich an wie ein Test, ob ich bereit für mehr Outback bin.

»Geht's wieder?«, fragt Janosch. »Sollen wir weiter?«

Ich nicke.

Wir fahren weiter geradeaus, trinken eine Limonade am einzigen Roadhouse auf der Strecke, fahren immer weiter.

»Das inspiriert dich bestimmt zum Schreiben, oder?«, fragt mich Sven zwischendurch.

Er hat Recht, doch ich bin zu überwältigt, um dafür Sätze zu finden. Starre nur hinaus. Wie kann ich eine Landschaft beschreiben, die ich noch nie zuvor gesehen habe? Die Farbsättigung, die Dehnbarkeit und der leere Raum sind zu groß für Worte.

Ich schreibe Geschichten, seit ich acht Jahre alt bin, fotografiere, seit ich zehn Jahre alt bin. Ich habe Sätze, Plots, Dialoge und Überschriften geübt, Winkel, Perspektiven, goldene Schnitte und Sonnenuntergänge.

Doch hier kommen meine Worte und Bilder nicht an die Wirklichkeit heran.

Mir fehlt das Vokabular einer fremden Sprache und eines neuen Landes. Als könne ich die Zutaten eines Gerichts nicht benennen. Als würde ich die Farben und Formen falsch sehen, ganz wie die ersten britischen Künstler, die sich Ende des 18. Jahrhunderts mit dem anderen Licht, der fremden Landschaft und den neuen Tieren vertraut machen mussten. So schickte John Hunter, Naturwissenschaftler, zweiter Kapitän der Ersten Flotte, später Gouverneur von New South Wales und zwischendurch Zeichner von Vögeln und Blumen, Skizzen nach England, auf denen ein Emu viel niedlicher wirkt mit seinem langen Hals und plüschigen Schwanzfedern, ganz anders als der knapp zwei Meter große Vogel mit seinen braunen, zotteligen Federn, der ein paar Tage zuvor fast in unser Auto gerannt wäre.

In diesen Momenten jedoch, als ich dachte, ich könne nichts in Worten festhalten, kriecht Australien langsam und sicher in mich hinein. Ich fange an, die vielen Farbschattierungen des Outbacks zu bemerken, wie sich die Erde und die Büsche zu unterschiedlichen Tageszeiten verändern, am Morgen und am Spätnachmittag kräftig und lebendig, zur Mittagszeit blass und trüb. Höre den Wind in der Stille und die Papageien in den Bäumen. Australien wird zu meiner Grundlage, mit der ich zukünftige Reiseziele vergleiche. Australien wird zu meinem Sehnsuchtsland. Ich sauge alles auf, ich sammle.

Und ich lerne, wie schnell sich die Landschaft ändern kann. Wenn ein Gewitter niederprasselt, wird die Halbwüste zum Regenmeer. Der Regen fällt dicht und plötzlich, noch bevor wir Tom Price erreichen. Die Windschutzscheibe ist voller Wasser. Blitze leuchten auf. Keine Gedanken mehr an Schönheit, Worte, Fotos.

Wir fühlen uns wie in einer Tauchglocke.

Unsere Schreie, »Anhalten!« »Weiterfahren!«, gehen im lauten, blechernen Regentrommeln auf dem Autodach unter.

Langsam fährt André an den Straßenrand, bis nur noch ein Viertel des Autos auf der Straße steht. Hoffentlich prallt keiner dieser langen, schweren Lastwagen, die sogenannten Road Trains, von hinten auf uns drauf. Sie dürfen bis zu 53 Meter lang sein. Wenn wir nichts sehen, sieht uns auch niemand. André schaltet den Warnblinker an, dann die Nebelleuchte.

Wir haben uns über gefährliche Tiere informiert, wissen, dass man mit festen, lauten Schritten durch das Gebüsch laufen muss, um Schlangen zu vertreiben, wissen, dass man nicht in dunkle Ecken greifen sollte, wo Spinnen hausen.

Wir wissen nicht, was wir bei solch einem Wetter machen sollen.

Hagelkörner prallen wie wild auf das Dach, als würden Kieselsteine aus den Wolken fallen.

Wir warten.

Blitze schießen umher.

Warten.

Bis sich die Blitze entfernen. Bis die Hagelkörner zu Regen werden. Der Regen in einzelnen Tropfen fällt. Das Trommeln verstummt.

André umfährt die großen, funkelnden Pfützen. Die Erde ist nun tief braunrot, die grünen Büsche leuchten saftig. Wie neu, wie erwacht.

Das Gewitter wiederholt sich täglich um 16 Uhr im Karijini National Park. Bis dahin laufen wir auf Naturtreppen zur Senke der Dales Gorge und schwimmen im Circular Pool, der Himmel weit über uns. Zur Gewitterstunde sitzen wir im Auto, und wenn es aufhört, wird das Autodach zum Tisch, auf dem wir in den Fensterrahmen sitzend Nudeln mit Sauce essen, der Mond ist unsere Wohnzimmerlampe. Ein Hund steht plötzlich da und rennt davon in den Busch, es muss ein Dingo sein. Wir schenken uns Goon in die Campingbecher nach und erzählen uns Geschichten von den wilden australischen Hunden, die wir gehört haben, von Babys, die sie nachts aus Wiegen klauen und Schafen, die sie rauben. Im Südosten von Australien gibt es einen

5600 Kilometer langen Dingozaun, der die Schafe vor den Hunden schützt.

In Tom Price taucht erstmals ein Gedanke auf: Wie wäre es wohl, hier zu wohnen? Durch die Straßen an den hohen Eukalyptusbäumen vorbei zum Supermarkt Coles zu laufen, um Coles Smart Buy Chocolate Scotch Fingers, Domino Tomatensauce und drei Mangos für den Preis von zwei zu kaufen; ein paar der 2700 Menschen, die hier wohnen, zu grüßen – *How are you? Fine, how are you?* –, die Wochenenden bis 16 Uhr im Karijini National Park zu verbringen, und an langen Wochenenden 250 Kilometer durch die Ebene zum Meer zu fahren, um im türkisfarbenen Wasser zu schnorcheln – wie wäre es wohl, ein anderes Leben?

Diesen Gedanken werde ich noch oft wiederholen. In Bondi Beach, Byron Bay, Brisbane, Broken Hill.

Und manchmal werde ich eine Weile bleiben.

Fiktiver Süden

In Europa begann Australien als eine Fiktion, erfunden von dem antiken griechischen Geografen Claudius Ptolemäus im zweiten Jahrhundert. Er ging davon aus, dass die Erde eine Kugel war und glaubte, es müsse auf der Südhalbkugel noch mehr Land geben, das Europa und Asien auf der Nordseite ausbalanciere. Dieses Fantasieland nannte er »Terra Australis Incognita«, unbekanntes Südland. Kartografen fügten es fortan ihren Weltkarten hinzu und ergänzten das Land mit Gebirgen, Flüssen und Fabelwesen. Zu jener Zeit lebten die australischen Ureinwohner wahrscheinlich schon zwischen 40 000 und 60 000 Jahre auf diesem Kontinent und hatten ihm noch nie einen richtigen Namen gegeben. Sie bezeichneten ihre Umgebung als *barna, biik, kurrek* oder *uthuru,* vier Beispiele aus der damaligen indigenen Sprachlandschaft von etwa 200, und schlichtweg Land oder Erde bedeuten.

Europäische Seefahrer suchten die Meere nach diesem unbekannten Südland ab, es wurde immer sagenhafter, verlockender, sie hofften, dort viele Reichtümer zu finden. Alte Karten deuten darauf hin, dass vielleicht schon 1521 portugiesische oder 1421 chinesische Schiffe Australien ansteuerten. Nach unserer Geschichtsschreibung betrat der Niederländer Willem Janszoon an Bord der Duyfken als erster europäischer Seefahrer 1606 das Land. Er glaubte allerdings, er wäre in Neuguinea, und seine Begeisterung hielt sich in Grenzen: Die Landschaft war sumpfig und flach, und einige seiner Männer starben im Gefecht mit Indigenen. Er kartografierte einen Teil der Kap-York-Halbinsel im

Nordosten Australiens, benannte die Gegend Nieu Zelandt und verließ dieses uninteressante Land alsbald. Sie segelten davon, ohne zu wissen, dass sie gerade das lang ersehnte Südland gefunden hatten, das ganz anders war, als erwartet.

Rückfall in Berlin

Mein erste Ankunft in Australien ist über zwölf Jahre her, seit vier Jahren war ich nicht mehr dort. Ich wohne nun in Berlin. Zwischendurch reiste ich nach Südafrika, wo es nach Eukalyptusbäumen roch, wohnte in Kanada, wo ich bei Coles einkaufte, machte Urlaub in Schottland, wo ich den *Guardian* las. Überall finde ich Australien.

Vorsichtig öffne ich alte Tagebücher und Dokumente, überfliege sie. Ich möchte nicht rückfällig werden. Ein Land kann wie ein Geliebter sein. Man verherrlicht, verzeiht, verspricht, ist verliebt. Nach einer Trennung versucht man, zu vergessen. Doch sobald ein Lied spielt, ein Akzent klingt, schaue ich auf und bin wieder dort. Das Wort Australien höre ich so gut wie meinen eigenen Namen, wenn er auf der anderen Seite des Raumes gesagt wird. Ich möchte nicht vergessen, sondern verewigen. Und gleichzeitig neue Wurzeln in Berlin schlagen.

Es scheint unmöglich.

Es könnte passieren, dass sich der Winter noch kälter anfühlt, die Menschen grimmig wirken, das Meer zu fern, das Licht nicht sanft genug zum Fotografieren. Es könnte passieren, dass ich sentimental werde und eine starke Sehnsucht entwickle nach den unzähligen Sonnentagen, dem »Thank you« beim Busfahrer, dem Flat White in den Cafés, meinem Platz über dem Meer in Bondi, den Zeltplätzen am Strand – schon alleine das Aufzählen entfernt mich von Berlin. Es könnte passieren, dass ich ein Flugticket zurück nach Australien buchen möchte.

Lift to Adelaide and East Coast
Hi, I am heading to Adelaide over three days leaving on the 15th (Wednesday) of Nov. Arriving in Adelaide on the 17th. I have room in my wagon for 2 passengers. Camping along the way. Possibly visit Nullarbor Caves for a swim. Share food and petrol costs.
If interested please call.
Cheers
Geordie

Der National Highway 1 führt einmal um das Land herum, dicht an der Küste entlang wie die Saumnaht des Kontinents. Nur die Struktur der Straße verändert sich, als hätte man das Stichmuster dem Landschaftsstoff angepasst. Mal windet sich der Highway sechsspurig durch Großstädte mit anfahrenden, überholenden und im Stau stehenden Autos auf seinem Rücken, dann läuft er kerzengerade über die Ebenen und trägt nur ein oder zwei Autos in Sichtweite mit sich, im Norden löst sich die Naht beinahe auf, die Straße wird einspurig und ungeteert. Auf seinen 13 600 Kilometern rollen tagsüber Campervans, Road Trains und Autos, meist weiße, auf denen die Sonne nicht so stark brennt wie auf schwarze. Abends lockt der warme Asphalt überall Kängurus an.

Wer einmal einen Roadtrip in Australien gemacht hat, will immer wieder. Man könnte auch fliegen, doch darum geht es nicht. Man möchte die Straße langsam erleben, kilometerlang nach vorne starren und herausfinden, was sich am Knick befindet – dort, wo die Straße in den Horizont fällt.

Von Perth nach Adelaide sind es 3000 Kilometer. Ein Direktflug dauert knapp drei Stunden. Ich entdecke Geordies Aushang am Schwarzen Brett des Hostels, er bietet eine Mitfahrgelegenheit an. Der 28-jährige Australier meint, man könne es mit dem Auto in drei Tagen schaffen.

Mein Roadtrip entlang der Westküste ist erst zwei Wochen her. In dieser Zeit verbrachte ich ein paar Tage in Broome, wo die Dusche nur morgens um 8 Uhr angenehm kühl war und alles still zu stehen schien, die Palmen, die Frangipani-Bäume, das Wasser, sogar die Menschen, die sich nur mit dem wandernden Schatten bewegten. Weiter nördlich im Northern Territory wäre es noch heißer geworden, die Luftfeuchtigkeit noch höher, die Monsunregenfälle noch heftiger, also änderte ich meine Richtung und flog gen Süden zurück nach Perth, um von dort aus einen neuen Roadtrip zu suchen. Ich sehne mich wieder nach der Straße und einem neuen Ziel. Auch Geordie möchte aufbrechen, sein Hab und Gut in sein Auto packen, eine gescheiterte Beziehung hinter sich lassen und in Adelaide neu anfangen, erzählt er mir bei unserem ersten Treffen.

Ich sage zu.

23 Mal wechselt der National Highway seinen Namen. Wir folgen dem Eyre Highway, benannt nach dem britischen Forschungsreisenden Edward John Eyre, der Anfang der 1840er-Jahre die australische Südküste erkundete. 1870 war die East-West-Telegraph-Verbindung nur ein holpriger Pfad, 1941 wurde der Highway gebaut und 1976 vollständig geteert.

Mühelos fahren wir geradeaus. Spielen *I spy with my little eye,* zählen tote Kängurus am Straßenrand und winken den wenigen entgegenkommenden Autofahrern. Es gibt nicht viel mehr zu tun als das Lenkrad gerade zu halten. Auf den gelben, viereckigen Schildern wechseln sich Warnungen vor Kamelen, Wombats und Kängurus ab.

Geordie ist neun Jahre älter und immer einen Schritt weiter, mutiger, erfahrener als ich. Was bleibt mir anderes übrig, als ihm zuzuschauen und nachzuahmen, wie er am Ende eines 1200-Kilometer-Tages die Isomatte unter freiem Himmel ausrollt, ohne Angst vor den Spinnen und Schlangen zu haben, die ein Zelt hätte abhalten können. Wenn man zu zweit in der weiten, menschenleeren Landschaft ist, hat man nur einander als Richtwert. Ist er verrückt oder bin ich brav? Ist er mutig oder bin ich ängstlich? Ich verlasse mich auf seine Meinung, möchte nicht kompliziert sein. Tief und fest schlafen wir bis zum Sonnenaufgang um 5 Uhr.

Während wir Australiens längste gerade Strecke von 146 Kilometern entlang fahren, übt Geordie mit mir Englisch. *Bob's your uncle. Keep your eyes peeled. High beam, low beam.* Als wir an einer Tankstelle halten, lege ich mir die Sätze auf dem Weg zur Kasse zurecht: Wie es so gehe, mir gut – *fine* oder *very well*, nicht *good* – danke, welche Zapfsäule, *petrol pump*, vielen Dank und einen schönen Tag, *have a nice day.*

Geordie legt mir ein Buch auf das Armaturenbrett. »Das ist ein australischer Klassiker, der Autor berichtet von seinem echt harten Leben in Westaustralien«, sagt er. Ich beginne zu lesen, und beginne erneut in halb so schnellem Tempo; es ist mein erstes englisches Buch. In *A Fortunate Life* erzählt A. B. Facey, geboren 1894, wie er sich auf westaustralischen Farmen durchschlägt. Sein Vater stirbt, seine Mutter verlässt ihn, und bereits mit acht Jahren erledigt er harte Farmarbeit, zieht von einer Gastfamilie zur nächsten.

So viel verstehe ich. Doch die Details entgehen mir, die in der Sprache liegen. Es ist ähnlich dem Blick, den ich aus dem Autofenster auf die mir fremde Landschaft werfe und nur sehe, was ich kenne: den Highway, die Dörfer aus einzelnen Häusern, Sand, Büsche. Ich verstehe nicht alles. Mir fehlen die Worte für die Büsche und Bäume, die Farmen und den Alltag.

Ich könnte jedes fehlende Wort im Wörterbuch nachschlagen, könnte Geordie nach jeder Baumbezeichnung fragen. Doch ich möchte den Lesefluss, die Fahrgeschwindigkeit nicht drosseln.

Und so ergänze ich. Gebe den fremden Wörtern mögliche Bedeutungen, überlasse es meiner Fantasie, Sätze zu vervollständigen, erfinde womöglich eine ganz neue Geschichte über der eigentlichen Geschichte.

Wir halten an der Küste an, stehen hoch über gigantisch brechenden Wellen, der Ozean so weit wie das Land hinter uns, als Geordie mir noch etwas zeigen möchte, was ich nicht sehe.

»Wir sind gut in der Zeit«, sagt er. »Lust auf eine Runde Schwimmen?«

Er nimmt eine der wenigen Abzweigungen nach links, weg vom Meer, hinein in das offene Land, und hält nach zwölf Kilometern vor einem großen Loch. Bäume wachsen unter uns, und auf einer Seite scheint es noch tiefer unter die Erde zu gehen. *Weebubbie Cave is closed as it is unsafe. Rockfalls have occured,* steht auf einem großen weißen Schild am Rand der Höhle.

»Nimm eine Jacke, deine Stirnlampe und deinen Bikini mit«, sagt er, als ich aus dem Auto aussteige und mir wie gewohnt nur meine Tasche mit Geldbeutel, Reisepass, Wasserflasche und Kamera umhänge.

Ich kann nur den Eingang der Höhle erahnen. Kein See weit und breit, und das Meer ist auch zu weit weg, die Wellen sowieso zu wild. Das Warnschild ist nicht zu übersehen. Die Höhle darf aus Sicherheitsgründen nicht betreten werden, weil es bereits zu Steinschlägen kam.

»Sicher?«, frage ich.

»Keine Sorge, da gehen regelmäßig Schulklassen rein«, beruhigt mich Geordie.

»Auch jetzt noch?«, frage ich, und versuche den Spagat zwischen Regelkonformität und Abenteuerlust in meinem Tonfall zu meistern.

»Die Regierung muss das sofort absperren, sobald es ein bisschen unsicherer ist. Das hat gar nichts zu sagen. Komm.«

Ich packe meinen Bikini und mein dünnes Reisehandtuch zu meiner Kamera und folge ihm, weil ich ihm glauben will. In meinem Kopf forme ich die Argumente wie in der Nacht davor zurecht: Er ist Australier, Geograf und neun Jahre älter, sprich, er ist hier aufgewachsen, hat das Land genau studiert und hat viel mehr Erfahrungen als ich. Was weiß ich schon? Ich reise zum ersten Mal allein durch die Welt und vertraue Menschen, die ich erst seit zwei Tagen und 2000 Kilometern kenne. Mein Bauchgefühl kommt kaum hinterher. Ist es Angst, Aufregung oder Vorfreude?

Wir klettern über den Absperrzaun und schauen in das Loch hinein, das aufklafft wie die Kehle des Landes. Kein Laut kommt heraus. Geordie läuft über große Steine hinweg, die aussehen, als würden sie regelmäßig durcheinander rollen. Ich folge ihm konzentriert.

Das Tageslicht dringt bis zur ersten Biegung, dann schalten wir die Stirnlampen ein. Vorsichtig tippe ich mit dem Fuß den nächsten Stein an, bevor ich mein Gewicht darauf platziere. Ein Schritt nach dem anderen, ein Stein nach dem anderen, der im Kegel meiner Stirnlampe wie der nächste Rettungsanker scheint.

Geordie wartet auf mich.

»Ganz schön frisch«, sagt er und zieht seine Jacke an.

Ich lächle nervös. Die Gänsehaut an meinem Arm habe ich nicht bemerkt. Hier unten war die Sonne noch nie.

»Mach mal deine Lampe aus«, schlägt Geordie vor. Wir stehen im Stockdunkeln. Nicht nur die Hitze, all das Licht ist oben geblieben. Ich atme langsam ein und aus. Sehe nicht, wie nah die Wände sind, sehe nicht, wie weit es runter geht, sehe nicht, ob neben uns noch eine Person im Dunkeln sitzt und uns beobachtet. Es könnten auch Tiere hier sein. Ich sehe den Weg nach oben nicht. Ich schalte meine Stirnlampe wieder ein, und selbst dann sind es nur Ausschnitte, die im Licht aufflackern: die Schattierungen und die Risse im weißen Kalkstein, Geordie, der nach unten schaut.

»Willst du vorlaufen?«

Ich scheine schon längst meinen eigenen Meinungshorizont verlassen zu haben und folge nur noch seinen Vorschlägen. Mit angespannten Oberschenkeln und angewinkelten Knien, in konzentriertester Körperspannung trete ich von einem Stein auf den nächsten. Ich höre nur meinen Atem und nichts weiter.

»Cindy, warte!«, sagt Geordie und es klingt, als würde er rufen, dabei zischt er wie beim Flüstern. Ich bleibe sofort stehen und versuche die Gefahr vor mir zu erkennen. Ich sehe nur eine endlose Abfolge und Wiederholung von

Steinen, die weiter reichen als das Licht meiner Stirnlampe.

»Was ist?«, frage ich, und meine Stimme meistert den Spagat nicht mehr, klingt jetzt so angespannt wie ich mich fühle. Was machen wir hier unten nur, was weiß ich eigentlich von Geordie, und wann habe ich das letzte Mal meinen Eltern unseren genauen Standort mitgeteilt?

Mir bleibt nichts übrig, als zu warten, bis Geordie neben mir steht.

Er holt einen runden Stein aus der Hosentasche und wirft ihn in die Tiefe. Kein Poltern. Fast lautlos, nur mit einem leisen Plop, durchbricht er eine bis dahin unsichtbare Wasseroberfläche, sinkt nach unten und hinterlässt kleine Wellen, die immer größere Kreise ziehen.

»Ich war mir nicht sicher, wann das Wasser kommt«, erklärt Geordie. Ich lache auf, wäre direkt hineingelaufen. Kein Windhauch verrät die Wasseroberfläche hier unten, die Steine unter Wasser sehe ich so klar wie die über Wasser.

Geordie reicht mir Schokolade, wohl wissend, dass unser Abenteuer noch nicht zu Ende ist, während ich erste Erleichterung verspüre. Wir haben die Höhle gesehen, können nun wieder nach oben klettern und uns in der Sonne aufwärmen.

»Bikini dabei?«, fragt er, als ich die Schokolade aufgegessen habe, und ich lache, weil ich glaube, dass er einen Scherz macht. Schon auf der Fahrt hat er mir verschiedene Geschichten erzählt, die er als erfunden enttarnte. Ein Bikini wiegt ja nichts, den kann man für den Witz schon mal mit in eine Höhle nehmen.

»Nein, ehrlich. Lass uns schwimmen gehen«, beteuert er und zieht sein Hemd aus.

Mit dem süßen Nachgeschmack der Schokolade auf der Zunge schaue ich ihn stumm an, während meine Gedanken rattern. Wie weit kann ich gehen, was ist vernünftig? Hör auf dein Bauchgefühl, klettere sofort wieder hier raus und gehe keinesfalls in das Wasser.

Die Weebubbie Cave ist Teil des großen Unterwasserhöhlensystems des Nullarbors, das sich unter der flachen Ebene versteckt. Ein Geflecht aus Seen und Flüssen windet sich unter der Erde, nichts, was man an diesem staubtrockenen Fleck erwartet. Doch Extreme der Natur treffen in Australien oft aufeinander, Wüsten grenzen an Meere, Sandstürme wehen durch Städte, und Seen fließen unter trockenem Buschland. Im Jahr 1900 entdeckten zwei Angestellte des South Australia Telegraph Departments die Weebubbie Höhle, und die Hoffnung war groß, dass die Ebene doch fruchtbar sein könnte. Doch die Wasserqualität wurde als ungenügend bewertet.

»Ich ziehe mich da vorne um.« Geordie geht ein paar Schritte weg. Ich traue mich nicht, Nein zu sagen, ich wage es nicht, ein Abenteuer zu verpassen. Er wird schon wissen, was wir hier tun. Er war hier schon zuvor.

Auf den Steinen balancierend ziehe ich mich um. Wenn ich die Lampe ausknipse, stehe ich in einer pechschwarzen Umkleidekabine. Als ich sie wieder anmache, hat sich das Wasser beruhigt, es gibt keine sichtbare Grenze mehr zwischen Land und Wasser.

»Ich kann leider nur mit den Füßen rein, sorry«, sagt Geordie dann.

»Ernsthaft?«

Für die Füße hätte es gereicht, meine Wanderschuhe auszuziehen.

»Ich habe mir doch das Tattoo in Perth stechen lassen«, sagt er und dreht sich um. Auf seinem Rücken prangt ein riesiger Skorpion, ist an den Rändern noch ein bisschen gerötet, klemmt sich an seine Schulterblätter wie um ihn vor dem Höhlensee zu schützen.

»Aber du kannst…«

Jetzt bin ich schon hier, jetzt bin ich schon hier unten. Und umgezogen habe ich mich auch. Ich traue mich nicht, und halte doch den Fuß in das Wasser. Es ist nicht so kalt wie befürchtet, ich hatte eine Temperatur wie Gletscherwasser erwartet. Die Wasseroberfläche schmiegt sich an meine Beine, jetzt kreiere ich die Kreise, deren äußeren Ringe im Dunkeln verschwinden.

»Gibt's hier Schlangen, Geordie?«

»Wahrscheinlich nicht. Alles gut, Cindy?«

»Ich habe Angst«, sage ich laut, als würde das reine Zugeben sie verscheuchen. Ich zittere und wage nicht länger auf den Steinen zu stehen, die zwischen den Wasserkreisen verschwimmen. Wer weiß, was sonst noch alles hier unten verschwimmt. Vorsichtig lasse ich mich bis zum Kinn in das Wasser sinken und ziehe die Füße hoch, mache kleine Brustschwimmbewegungen, um über Wasser zu bleiben aber nicht zu schnell voranzukommen.

»Da vorne geht es ums Eck, siehst du das?«

»Wieso guckst du nicht selbst?«, rufe ich zurück.

»Mein Tattoo…«

»Du kannst hier doch bestimmt noch stehen.«

»Schau doch nur ganz kurz ums Eck.«

Ich schwimme auf der Stelle. Versuche mir einzureden, dass nur ich hier im Wasser bin. Keine Schlangen, keine Ratten, keine Spinnen. Und wenn etwas passiert, ist Geordie in der Nähe. Er wird wissen, was zu tun ist. Bei Angst versuche ich immer daran zu denken, was passieren und wie man dann reagieren könnte. Als ob das helfen würde. Als ob dann nichts passieren könnte, das ist der Trick.

Ich atme tief ein.

Dann öffne ich meine Arme, presse meine Finger aneinander, damit sie ein undurchdringliches Paddel ergeben, spüre meine Kraft und mache drei, vier Schwimmzüge nach vorne.

Gibt es hier geheime Strömungen?

Ich blockiere auch diesen Gedanken, folge dem Lichtkegel meiner Stirnlampe. In der Höhle sind nur meine Wasserberührungen zu hören, meine Schwimmschläge, mein Atmen. Es beruhigt mich, meine eigenen Bewegungen zu hören.

Geordie hat Recht. Der Fluss biegt ab und geht noch viel weiter, als das Licht erfassen kann.

»Es geht weiter, Geordie. Ich komme zurück«, sage ich plötzlich, mit Schwung drehe ich um und schwimme mit schnellen, kräftigen Zügen zurück, lasse vorsichtig ein Bein nach unten, um zu testen, ob ich wieder Boden unter den Füßen habe, stütze mich mit meinen Händen auf und hetze aus dem Wasser.

»Dein dummer Skorpion«, werfe ich Geordie entgegen, weil ich sonst nicht weiß, was ich ihm sagen soll, ich möchte ihn dafür beschuldigen, wie weit er mich gebracht hat, dabei bin ich allein hineingelaufen und allein ums Eck geschwommen. Später lese ich, dass sich Taucher noch weiter vorwagen, ums Eck herum zum nächsten großen See, bekannt als 150 Meter langer Eisenbahntunnel, wo das Wasser glasklar, die Wände scheinend weiß und der Grund 40 Meter tief sein soll.

In Ceduna verlassen wir Westaustralien, den ersten australischen Staat, der mir den Kopf verdreht hat, stellen die Uhr zweieinhalb Stunde vor, essen Obst und Gemüse auf, da wir es nicht über die Landesgrenze nach Südaustralien mitnehmen dürfen. Der Highway 1 bleibt der Eyre Highway. Geordie telefoniert mit seinem Kumpel und fragt ihn nach Kletterschuhen in meiner Größe. Wir werden am Wochenende in den Flinders Ranges klettern gehen.

»Schon mal Känguru gegessen?«, fragt Geordie, nachdem er aufgelegt hat. Ich schüttle den Kopf.

»Gut, dann lass uns mal essen gehen.«

In Port Augusta gibt es nach drei Tagen endlich wieder Handyempfang und eine Dusche. Knapp 2500 Kilometer liegen hinter uns. Wir tauschen den Highway 1 gegen den Flinders Ranges Way und fahren nach Cradock. Australiens Fernstraßenbezeichnungen sind von Forschungsreisenden geprägt. Der britische Forscher Matthew Flinders gab dem Kontinent seinen finalen Namen und war der erste Europäer, der Australien 1802 umsegelte. Anders als Willem Janszoon, der 1606 an Land ging und sich in Neuguinea glaubte, ging er sofort davon aus, dass dies Terra Australis sein musste. Da wusste er noch nichts von der noch südlicher liegenden Antarktis, die erst um 1820 entdeckt wurde. Mit seiner zehneinhalbmonatigen Umseglung – bei der er auch einen Zwischenstop bei den später nach ihm benannten Flinders Ranges machte – bewies er, dass es sich um eine Landmasse und keine einzelnen Inselgruppen handelte. Bis dahin war Australien bei den Europäern als Neuholland bekannt, da Janszoon ein Holländer war. Doch Flinders schrieb auf die von ihm 1803 angefertigte Karte den Namen Australia. Später begründete er die Abkürzung in seinem

Reisebuch A *Voyage to Terra Australis* damit, dass Australia besser klang und sich gut in die Namen der anderen Kontinente einreihte.

Cradock scheint nur aus zwei Kirchen und einem Pub zu bestehen, mehr ist kaum zu sehen, als wir in der Dämmerung ankommen. Zwei Männer sitzen an der Bar, eine Frau steht hinter dem Tresen. Geordie redet mit ihnen und ich verstehe kaum ein Wort. Das australische Englisch hat seinen eigenen Rhythmus und seine Tonlagen, die meinem Schulenglisch ferner werden, je weiter wir in das Land hineinfahren. Wir trinken ein Bier, essen Kängurusteak. Draußen ist es schon dunkel, als wir langsam weiterfahren. Am Straßenrand liegen tote, angefahrene Kängurus, und ich trinke mehrere Schluck Wasser, um den Fleischgeschmack herunterzuspülen. Wenn uns ein Auto entgegen kommt, schaltet Geordie das Fernlicht aus, wechselt von *high beam* zu *low beam*. Wir müssen die Augen offen halten, *keep your eyes peeled*, nach den lebendigen Tieren und nach dem kleinen, geheimen Pfad, der zu einem Camp führt.

»Australien ist voller Geheimnisse.« Geordie grinst, stolz auf sein Land, und biegt ab.

Während wir der dunklen Straße im Scheinwerferlicht folgen, schweifen meine Gedanken ab. Nicht nur Australien ist voller Geheimnisse. Dieses Land bringt auch neue, geheime Seiten von mir zum Vorschein. Australien ist für mich das Land, das mir so viele Möglichkeiten aufzeigt, einen Schritt weiter zu gehen als gedacht, ohne dass jemand Bekanntes neben mir steht und glaubt zu wissen, was ich mich traue und was nicht. Es gibt mir die Möglichkeiten, so zu tun, als ob ich jemand anderes wäre, die nachts ohne

Zelt im Outback schläft und in dunklen Höhlen schwimmt. Es zeigt mir Grenzen und Grenzverschiebungen. Vielleicht hätte es jedes Land sein können, doch für mich ist und wird es immer Australien bleiben.

Als wir unsere Isomatten am Fuße der Flinders Ranges neben den Roten Eukalyptusbäumen ausrollen, weist mich Geordie auf eine White-Tail-Spinne hin, die er gesehen hatte.

»Schau, dass dein Schlafsack richtig zu ist«, sagt er nur und ich ziehe den Reißverschluss bis zu meiner Nase hoch. Ein Biss der Spinne könnte eine Narbe hinterlassen und Fieber auslösen. Doch ich bin müde und schlafe erschöpft vom Kängurugucken, Känguruessen und all den Kilometern auf den Straßen ein. Es wird schon gut gehen, ich bin ja doch nicht allein.

Noch einmal öffne ich die Augen.

»Geordie, hast du das Southern Cross gesehen?«

Er deutet in den Himmel und diesmal sehe ich das Kreuz des Südens sofort: Vier helle Sterne, die auch die Form eines Drachens bilden könnten, ein kleiner Stern leuchtet schwach dazwischen. Zwei weitere Sterne scheinen an diesem Sternbild zu hängen wie eine Drachenschnur.

Träume vom Fliegen

Seit ich vormittags angefangen habe in unserer Berliner Wohnung über Australien zu schreiben, träume ich nachts davon.

Es gibt drei Versionen dieses Traums.

Die erste: Ich bin spät dran und finde kein Ende, Sachen in meinen Rucksack zu packen. Es ist eine weite Reise und ich möchte nichts vergessen. Ein Blick auf die Uhr – unmöglich, es jetzt noch rechtzeitig zum Flughafen zu schaffen. Ich verzweifle, darf diesen teuren, lang ersehnten Flug nicht verpassen. Ich rase zum Flughafen und drängle mich durch die Security-Schlange, werde nach vorne geschoben, wache auf.

Die zweite: »Ich komme nach«, sage ich noch, und lasse meinen Freund vorfliegen. Er wird sich einen Campervan mieten und von Brisbane nach Sydney fahren, eine Strecke, die ich vor einigen Jahren schon mit meinem Bruder bereist habe. Ich ärgere mich, wollte ihm als erstes mein Land zeigen, ihn an die Hand nehmen und herumführen, weg von den Spinnennetzen, hin zu den Stränden, dem Opera House, dem Küstenspaziergang von Bondi nach Coggee – ihm mein Australien im schönsten Licht zeigen.

Die dritte: Im Traum wache ich auf. Ich bin zurück in Australien. Die Sonne scheint warmgelb hinter der Jalousie, die Papierbirke wirft Schatten auf eine Betthälfte. Ich kann es kaum glauben, dass ich wieder hier bin. Papageien tratschen vor dem Fenster, die Palmen leuchten grün. Plötzlich fällt mir ein, dass ich vergessen habe, Bescheid zu sagen. Niemand weiß, dass ich in Australien bin. Bin einfach ohne

Abschiedskuss und Erklärung auf die andere Seite der Welt geflogen. Der Schatten auf meinem Bett wird dunkler.

Es ist ein Leichtes, diese Träume zu interpretieren. Mein Schreiben als Versuch, zurückzufliegen. Ich habe Angst, zu spät dran zu sein und mich nicht mehr an dieses Gefühl zu erinnern, wie es ist, in Australien verliebt zu sein. Befürchte, es nicht mehr in Details und Geschichten rüberbringen zu können. Oder mich zu sehr nach dem roten Kontinent zu sehnen, wenn ich meine alten Tagebücher lese, dass ich Berlin nicht mehr zu schätzen weiß.

Schwieriger ist es, diesen Träumen zu gehorchen, gegen die Befürchtungen anzuschreiben und mich zu erinnern.

Geschickt liegt der Uluru nicht. Mitten im Zentrum einer Insel, die fast nur an der Küste besiedelt ist. Der Pazifik ist etwa 1700 Kilometer Luftlinie entfernt, der Indische Ozean 1300 Kilometer. Es gibt einen Flughafen in der Nähe in Alice Springs, den könnte ich in zwei Stunden erreichen und von dort sechs Stunden zum Wahrzeichen Australiens fahren. Eine unasphaltierte Strecke führt von Sydney nach Alice Springs, der asphaltierte National Highway von Adelaide über Alice Springs bis nach Darwin. Geschickt liegt er nicht, aber es wird Wege geben, sobald ich mich entscheide.

Von neun Monaten in Australien bleibt mir noch einer. Ich war Segeln in den Whitsundays, Schwimmen in Manly, sah acht der Zwölf Apostel in Victoria, ein Ballet im Opera House. Bald fliege ich zurück, das große Abenteuer vorbei. Und dann? Ich dachte immer, in der Ferne würde ich erfahren, was ich zuhause machen möchte. Dann kam mir dazwischen, was den meisten Backpackern dazwischen kommt: Roadtrippläne, Mitreisende, Landerkundung. So hat sich kaum etwas geändert, was mir wichtig war und sein wird, ich möchte unterwegs sein und lesen. Diese Prioritäten kann ich noch in keine Berufswahl packen. Stattdessen schaue ich *Herr der Ringe* im Hostelwohnzimmer, diskutiere über die Bedeutung von Freundschaft und Hobbys im Botanischen Garten, putze Badezimmer im Palms Hostel, verteile Flyer für eine Reiseagentur in Kings Cross und verbringe ganze Tage damit, quer durch Sydney zum nächsten Buchladen oder Strand zu fahren. Einen Monat noch.

Immer wieder sehe ich Bilder vom Uluru, an der Wand der Reiseagentur, an den Postkartenständern, auf den Fotos der anderen Backpacker, die mit braungebrannten Wangen vor diesem rot leuchtenden Felsen stehen und so fröhlich aussehen, als hätten sie bekommen, was sie wollten. Den Felsen, das Foto, ich weiß nicht, was es ist. Ich habe ihn schon so oft gesehen, er ist ein so großes Muss, dass es mir fast widerstrebt.

Einmal noch das Outback erleben, die Distanzen Kilometer für Kilometer erfahren. Einmal noch den Weg als Grund nehmen, den Berg nur als Ziel. Einem Buch folgen, Bruce Chatwins *Traumpfade*. Der Engländer reiste in den 1980er-Jahren zweimal nach Alice Springs, um mehr über die Träume und Mythen der indigenen Völker Australiens herauszufinden, woraus sein Reiseliteratur-Klassiker entstand. Ich, die gerade erst in Bewegung gekommen war, die das Unterwegssein lieben lernte, unterstrich seine Sätze, ich wollte mich in ihnen wiederfinden. Der Mensch sei dazu geboren, unterwegs zu sein, das sähe man bereits an Babys, die ständig in Bewegung sein wollen, argumentiert Chatwin. Auch der Himmel, die Sonne, der Mond, alles sei in ständiger Bewegung, zitiert er Robert Burton – wieso solle dann der Mensch still sein und sesshaft werden? Der Mensch sei für ein nomadisches Dasein gemacht. Einmal noch ins Rote Zentrum. Wer weiß, ob ich zukünftig nochmal so viel Zeit und Geld haben würde, um ins weit entfernte Australien zu reisen.

Ich suche nach einer Mitfahrgelegenheit, schaue in alle Richtungen, bis mir James schreibt, dass er mich mitnehmen könne. Ich buche einen Flug nach Adelaide.

Der heilige Berg scheint meine Zweifel zu spüren, will sich sicher sein, dass ich aus eigenem Willen hinkommen möchte. Ich brauche vier Anläufe, um zum Uluru zu kommen: Am Dienstag holt mich James nicht vom Flughafen ab. Am Mittwoch findet der Hostelbesitzer seine Kreditkarte nicht, um mir einen Greyhoundbus zu buchen. Am Donnerstag wollen sich zwei Deutsche nicht auf mein Rückflugdatum festlegen. Freitag passiert nichts. Am Samstag steckt Daniel, ein 23-jähriger Israeli, einen Mitfahrgelegenheitsaufruf an das Schwarze Brett im Hostel. Abfahrt am nächsten Tag. Wir treffen uns und sind uns einig: Er braucht jemanden, mit dem er die Benzinkosten teilt, ich brauche jemanden mit Auto, wir möchten beide zelten. Womöglich entschieden wir uns zu schnell für eine gemeinsame Fahrt.

Im Zickzack fahren wir aus Adelaide hinaus und stoßen in Port Augusta auf den National Highway, der hier Stuart Highway heißt. Vor uns liegt die lange, schnurgerade Straße und eine Woche Zeit. Zur Rechten die runden Gebirgsrücken der Flinders Ranges, wo ich vor einem halben Jahr mit Geordie klettern war, und zur Linken einzelne Eukalyptusbäume. Ich denke an die frühen Entdecker, die sich durch wildes Terrain schlugen. Der Schotte John McDouall Stuart brach sechsmal auf, benannte Gewässer und Berge nach seinen Freunden, und musste fünfmal umkehren, ohne den Indischen Ozean an der australischen Nordküste zu erreichen. Mal aus Mangel an Verpflegung, fehlender Hufeisen oder aufgrund der unfassbaren Hitze in den Sommermonaten. Erst sein sechster Anlauf im Jahr 1862 war erfolgreich, nach neun Monaten kam Stuarts Expeditionsmannschaft in Chambers Bay an. Wir rollen die nach ihm benannte Straße entlang.

Daniel redet viel. Er erzählt, dass er in Israel in einer Bar arbeitet und Schlangen fängt, drei Jahre in der Armee war, wie jeder Israeli. Danach beschloss, reisen zu gehen, »wie jeder Israeli«, fügt er hinzu. Er lerne gerne neue Menschen kennen, aber ich fange an zu glauben, nachdem er drei Stunden lang keine Frage an mich gestellt hat, dass er gern neue Menschen kennenlernt, um seine eigene Geschichte wieder und wieder zu erzählen.

Abends biegen wir rechts von der Straße ab und bauen die Zelte zwischen vereinzelten Bäumen und Sträuchern im roten Sand auf. Daniel öffnet seinen Kofferraum und zeigt stolz seine Ausstattung: Drei Kochtöpfe, eine große Pfanne, eine dicke Matratze und noch viel mehr.

»Ich kann mir nicht vorstellen, nur mit einem Rucksack zu reisen, ich möchte alles dabei haben und auf nichts verzichten«, sagt er.

»Macht nicht genau das Gegenteil das Reisen aus? Man kommt mit wenig aus und macht viel daraus«, entgegne ich, und denke an meine Packliste, die ich vor Abflug ausgearbeitet habe: Drei T-Shirts, eine lange Hose, eine kurze Hose, einen Kapuzenpullover, Wanderschuhe, Flipflops, iPod, Stirnlampe... Ich zählte die Grammzahlen und überlegte bei jedem Teil, ob ich es wirklich brauchen könnte.

In der Wüste sinkt die Sonne schnell, zeichnet Eukalyptusbäume und unsere Zelte schwarz in den glutroten Himmel und lässt uns unter funkelnden Sternen auf dem Rastplatz zurück. Das Southern Cross geht auf, meine ewige, nächtliche Australienbegleitung. Ich kann mir nicht vorstellen, es einst nicht gesehen zu haben. Als wir in unsere Zelte kriechen und Daniel aufhört zu reden, ist es still. Keine anderen Menschen, Motorengeräusche oder piepsende Ampeln.

In der Nacht regnet es, erst nur schwach, dann immer stärker. Wasser tropft in mein Zelt. Dann rollt der Donner über die Erde, und einmal scheint er kaum zum Halten zu kommen, als gäbe es keine Distanz zwischen Erde und Wolken, als hätten sich die Wolken auf die Erde gelegt und würden lauthals grölen, brummen, knurren. Ich verkrieche mich tiefer im Schlafsack und lausche dieser Macht.

Am zweiten Tag kommen uns vereinzelt kleine oder riesige Lastwagen im Flimmern der Hitze entgegen. Auf dieser Straße sind alle Fahrer Komplizen, wir heben den Zeigefinger vom Lenkrad wieder zum Gruß. Roter Staub setzt sich auf unserem Nummernschild ab, verdeckt fast den Slogan *South Australia – Gateway to the Outback*. Das Outback beginnt dort, wo die Städte aufhören, weit draußen, wo Halbwüsten, Wüsten, Savannen und Regenwälder dominieren. Handyempfang habe ich schon lange nicht mehr. Wenn ich aussteige, surren die Fliegen um meine Ohren, Augen und meine Nase, meine Hand wischt wie ein automatischer Scheibenwischer vor dem Gesicht hin und her. Der weite Horizont im 360-Grad-Rundumblick, der Himmel tiefblau, die Straße nach vorne frei.

Während ich über die Ebene schaue, muss ich an A. B. Faceys Autobiografie denken, das Buch, von dem ich glaubte, so wenig verstanden zu haben. Auch wenn es von West- und nicht Südaustralien handelt, komme ich nicht umhin, Albert als kleinen Jungen in der sengenden Hitze zu sehen, wie er Vieh hütet und zusammentreibt, Gleise und Staudämme baut. Das Buch füllt meine Landschaftslücken und die Landschaft meine Buchlücken, ich merke erstmals, wie sich Land und Literatur ergänzen.

255 Kilometer keine Tankstelle bis Coober Pedy. In dieser Opalstadt reiht sich ein Stein- und Schmuckladen an den anderen, außerhalb liegen pyramidenähnliche Sandhaufen von den Opalausgrabungen. In der etwa 1600-Einwohner-Stadt lebt man im Sommer unterirdisch bei einer Raumtemperatur von 20 Grad, wenn über der Erde 40 bis 50 Grad herrschen. Wir besuchen Faye's Underground Home, ein unterirdisches Zuhause, das Faye Nayler und zwei Freundinnen von 1962 bis 1972 mit eigenen Händen bei der Suche nach Opalen ausgruben und so gleichzeitig ein Zimmer nach dem anderen schufen: Drei Schlafzimmer mit begehbaren Kleiderschränken, eines davon acht Meter unter der Erde, Wohnzimmer, Weinkeller, Küche, sogar ein Zimmer mit Pool. Es wirkt wie eine Höhle aus der Steinzeit, wären da nicht die Möbel, die Bilder an der Wand, der Fernseher in der Ecke, die Mikrowelle in der Küche und das künstliche Licht. Als wir wieder nach oben kommen, blendet die Sonne, ich kaufe mir einen Ring mit einem Opalstein, er reflektiert den großen blauen Himmel hier draußen. Die Zelte schlagen wir nicht im unterirdischen Zeltplatz, sondern auf dem Caravan Park unter freiem Himmel auf.

Wenn wir fahren, kann ich bis zum Horizont sehen und da steht kein Haus, ist keine Abzweigung, keine Tankstelle. Was hat es mit der Faszination dieser endlosen Weite auf sich? Es muss die Sehnsucht nach dem unbeschriebenen Blatt sein, nach dem Hauch eines Gefühls, wie es für die europäischen Entdecker gewesen sein muss, die tatsächlich ins Unbekannte aufbrachen. Eine Erinnerung daran, als noch nicht alles geregelt, gezähmt und umzäumt war. Heutzutage sind die Ländereien in Australien so groß, dass man die Grenzen kaum sieht. Die größte Farm ist Anna Creek Station mit 23 677 Quadratkilomentern, sie liegt östlich von Cooper Peddy. Größer als Israel, könnte ich Daniel sagen.

»Zuhause habe ich schon Schöneres gesehen,« sagt Daniel immer wieder und ich spüre den Drang, mein geliebtes Outback zu verteidigen, ihm zu widersprechen und zu hinterfragen - Aber schau, diese Weite! So etwas habe ich noch nicht gesehen! Wieso reist du denn, wenn Israel so viel toller ist? - und da tauchen wie aus dem Nichts flache Berge in der weiten Ebene auf, sie wirken wie oben abgeschnitten, leuchten in den unterschiedlichsten Erdtönen. Wir sind im Kanku-Breakaways Conservation Park. Die Antakarinya sehen in den Felsformationen zwei Hunde, die Touristen Salz- und Pfeffer-Berge oder Burgen, die Geologen Inseln im einst großen Inlandsee, Filmregisseure Kulissen für Mad Max und Priscilla.

»Wow«, sage ich leise, und Daniel beginnt: »Zuhause...«

Ich höre ihm nicht mehr zu, schicke seine Wörter gen Himmel oder zurück ins schönere Israel, schließe meine Ohren und öffne meine Augen umso weiter und verliebter, erkenne die Hunde, die Burgen, versuche mir vorzustellen, wie das war, als statt roter Erde hier überall Wasser war und es noch keine Menschen gab.

Mein geliebtes Outback. Kaum fühlt man sich wohl an einem Ort, möchte man ihn sich zu eigen machen, und sei es nur für den Moment der Durchfahrt, eine Zeltnacht, eine Buchseite lang. Den Ort umarmen. Aneignen. Besitzen. Ihm gehören.

Australiens Geschichte lebt und leidet schon immer unter den verschiedenen Ansichten von Besitz und Beziehung zum Land.

Für indigene Australierinnen und Australier ist der Kontinent nicht nur ihr Lebensraum, sondern auch ihre spirituelle Landkarte, ihr Lexikon, ihr Zugang zur Traumzeit. Laut ihrer Mythologie erschufen ihre Ahnen die Landschaften, Tiere und Menschen, als sie das Land während der Traumzeit durchquerten und immer noch queren. Die Wege dieser immer noch andauernden Schöpfungswanderung werden als *Songlines* bezeichnet. Jeder Clan hat seine eigenen, die mündlich über Generationen weitergegeben werden und sich wie ein großes Straßennetz über Australien spannen. Am Wegesrand befinden sich heilige Orte – Felsen, Flüsse, Steine – an denen Aboriginal people mit Tänzen, Liedern und erzählten Geschichten in die Traumzeit eintauchen können. In ihrer Kultur gibt es die Idee nicht, dass den Menschen Land gehört. Sie sehen sich als Hüter der Pfade ihrer Ahnen, Boten uralten Wissens und damit als Teil des Landes. Nicht als Eigentümer.

Als jedoch die Briten in Australien ankamen, kolonialisierten sie den Kontinent, machten ihn sich mit Fahnen, abgesteckten Gebieten und Sprache zu eigen. James Cook erreichte auf der HMS Endeavour 1770 als erster Europäer die Ostküste, sah einzelne Indigene in der Ferne, konnte sich jedoch kaum vorstellen, dass noch viel mehr in diesem riesigen Land lebten. Es wirkte unbesiedelt und nicht bewirtschaftet. So erklärte er den Kontinent erst zu Terra Nullius, zum Niemandsland, und dann zum Eigentum der britischen Krone. Großbritannien nutzte ihn 81 Jahre lang als Gefängnisinsel, 1788 traf die erste Flotte ein. Als die ersten Sträflinge freikamen und mehr Siedler nach Australien reisten, erlaubten die Gouverneure eine Besiedlung innerhalb der Kolonien, wo sie das Land überschauen, verteilen und kontrollieren konnten. Doch die sogenannten Squatter konnten dem Hinterland nicht widerstehen und zogen ab den 1830er-Jahren über die Koloniegrenzen dorthin, wo ihre Schafe das grünste Gras fanden. Sie sahen keine Zäune, nichts, was auf Landeigentum hindeutete, sahen die Nahrungsquellen und Jagdgebiete der Indigenen nicht. So ließen sie sich mit ihren Schafen nieder, bauten ihre Zelte auf und machten sich allein dadurch – durch das Squatting, das Hinhocken – ein Stück Land zu eigen. Dies führte zu gewaltsamen Konflikten mit Indigenen.

Als die Squatter durch den Export von Wolle immer reicher wurden, legalisierte die britische Krone das Squatting. 1836 vergab sie Lizenzen für das alleinige Nutzungsrecht eines Landstückes, 1847 Pachtverträge von 14 Jahren mit Kaufaussicht. In den 1860er-Jahren wurde das Kronland wieder freigegeben, inklusive den Grundstücken der Squatter, um auch anderen Siedlern eine Chance zu geben, das Land zu bewirtschaften. Die Squatter gehörten zu der Zeit schon zur Kolonialoberschicht und konnten sich den Kauf oft leisten. Sie hatten ja als erste Europäer die besten Landstücke mit den grünsten Wiesen abgekriegt.

Parallel mit der Landbesetzung der Squatter bezahlte die britische Krone Entdecker, die das Land erforschten und vermaßen, was sie selten allein taten: Oft nahmen sie indigene Männer mit auf ihre Expeditionen, die ihnen Wasser- und Nahrungsquellen zeigten. Dabei folgten sie automatisch Songlines. Kein Wunder, dass entlang ebendieser

Schafe und Rinder noch weiter in das Landesinnere getrieben und später Highways gebaut wurden. Dadurch verschwanden nach und nach die heiligen Orte entlang der Songlines, verbaut durch Straßen, Farmen oder Zäune. Es gab immer weniger Zugangspunkte zur Traumzeit. Die Briten überschrieben indigene Namen, als wäre Australien die Erfindung der englischen Krone: Aus Boorloo wurde Perth, aus Tarndanyangga Adelaide, aus Mparntwe Alice Springs und aus Uluru Ayers Rock.

Der schrittweise Namenswechsel des roten Berges spiegelt die späte Anerkennung der indigenen Bevölkerung wider: 1873 nach dem damaligen südaustralischen Premierminister Henry Ayers benannt, war Ayers Rock der alleinige offizielle Name. 1992 entschied der Oberste Gerichtshof Australiens jedoch, dass Australien zu Beginn der Kolonialisierung kein Terra Nullius war und erkannte erst dadurch die Anwesenheit der Aboriginal peoples an. Der daraufhin eingeführte Native Title – der indigene Anspruch auf Land – sollte ihnen ermöglichen, traditionelles Land zu nutzen und zu besitzen. Dafür müssen sie aber ihre kulturelle und immer noch andauernde Verbindung zu den Orten beweisen. Eine schwierige Voraussetzung, da sich die Lebensumstände vieler Völker mit der Kolonialisierung zwangsweise verändert haben. Ein Jahr darauf wurde der indigene Name des roten Felsens mit einem Schrägstrich hinzugefügt, auf den Schildern stand nun Ayers Rock / Uluru, als könne man sich eine Version aussuchen. Erst 2002 gewann der indigene Name an Gewicht und kam an erste Stelle: Uluru / Ayers Rock. Es sah immer noch aus wie eine Übersetzung von der Ursprungssprache zur Zielsprache. Heutzutage steht auf dem Schild am Straßenrand Uluru (Ayers Rock), der koloniale Name eingeklammert wie eine Nebensächlichkeit, eine Erinnerung für diejenigen, die es noch nicht gelernt haben.

Nach links. Noch 260 Kilometer. Der erste Berg ist er nicht – das ist Mount Conner – aber der zweite, das ist der große, rote, heilige Fels. 1985 erkannte Australien die Anangu als traditionelle Eigentümer an. Wir umlaufen den 350 Meter hohen Inselberg mit anderen Touristen, die frisch parfümiert aus Alice Springs kommen. Wie Ameisen wuseln einige den heiligen Berg hinauf. *It is requested that you respect the wishes of Anangu by not climbing Uluru,* steht noch auf meiner Nationalpark-Eintrittskarte von 2007, es wird gebeten, dem Wunsch der Anangu nachzukommen und nicht auf den Uluru zu klettern. Seit 2019 ist dies ausdrücklich verboten.

Abends leuchtet der Uluru feuerrot, am Morgen hüllt er sich verschlafen zum Sonnenaufgang in Nebel ein. Der rote Berg ist mächtig und wunderschön und entfaltet erst seine ganze Wirkung, wie scheinbar deplatziert und besonders er ist, wenn man tagelang in die flache Landschaft gestarrt hat. In der Traumzeit beginnen viele Schöpfungsgeschichten an diesem Ort, eine erzählt von einer Schlacht zwischen den Hasenkänguru-Menschen, den Teppichschlangen-Menschen, den Giftschlangen-Menschen und einem großen Hund, woraufhin sich der Uluru aus der Erde erhebt und die Menschen in Steine verwandelt. An den heiligen Orten entlang des Uluru erkennen die Ureinwohner noch Spuren der Kämpfe. Das Fotografieren, Filmen oder Malen dieser Orte ist nicht erlaubt – man darf sie nur an ihrem Ursprungsplatz und nicht woanders betrachten.

Wir fahren weiter zu Kata Tjuṯa / Mount Olga und zum Kings Canyon, wandern über die Felsen, schauen in die tiefe Schlucht, es weht ein heißer Wind.

»Ich bin traurig, dass ich nur noch drei Tage in Australien bin«, sage ich zu Daniel.

»Alles im Leben geht einmal zu Ende«, sagt er und ich bin müde, ihm zu widersprechen, zu sagen, dass es anders weitergehen kann, ich weiß noch nicht, wie. Kurz vor Alice Springs bitte ich Daniel, am Seitenstreifen anzuhalten. Ich hole eine leere Limonadenflasche aus dem Fußraum und fülle sie mit rotem Wüstensand.

In Alice Springs sitzen Aboriginal people auf der Wiese und verkaufen ihre Bilder, barfuß laufen sie durch die Stadt. In den Souvenirshops gibt es Bumerangs und Tassen mit gepunkteten Bildern, in den Glastüren hängen Schilder, die darauf hinweisen, dass man ohne Schuhe nicht eintreten darf.

Die Europäer nahmen nicht nur das Land in Besitz, sondern auch die Menschen, zwängten ihnen ihren Glauben, Lebensstil und ihre Kleidung auf. Anfang des 19. Jahrhunderts wurden in jedem Staat Chief Protectors of Aborigines ernannt, die radikal vorgingen: Sie veranlassten die grausamen Entführungen unzähliger indigener Kinder zwischen 1910 und 1970. Laut dem Aborigines Act 1911 waren nicht die Eltern, sondern die sogenannten Beschützer ab sofort die Erziehungsberechtigten jedes indigenen und halb-indigenen Kindes.

Der Chief Protector of Aborigines in Westaustralien, Auber Octavius Neville, war besonders an den Kindern interessiert, die europäische und indigene Vorfahren hatten, also eine hellere Hautfarbe, weshalb manche Mütter ihre Kinder mit Holzkohle schwärzten, sobald weiße Männer die Reservate besuchten. Diese Kinder wollte Neville in christlichen Missionarheimen, staatlichen Institutionen und Adoptivfamilien europäisch erziehen und mit Siedlern zusammenbringen. So sollten sie und ihre Nachkommen irgendwann Teil der weißen Gesellschaft sein, wenn auch nur als billige Arbeitskräfte. Die australischen Ureinwohner würden sowieso aussterben, begründete Neville seine Maßnahmen – diese Völker, die bereits seit tausenden von Jahren auf diesem Kontinent weilen und deren Bevölkerung erst seit der Kolonialisierung zurückging. Nur die Halb-Indigenen hätten eine Zukunft, meinte der Chief Protector of Aborigines. Die Kinder verloren ihre Familie und Kultur, es war nur noch Englisch erlaubt. Jahrzehnte später, als sie ihre Familien wiedertrafen, hatten sie oft keine gemeinsame Sprache. Der australische Historiker Peter Read bezeichnete diese Kinder in den 1980er-Jahren als Stolen Generations.

Erst 1967 bekommen die indigenen Australierinnen und Australier Bürgerrechte, und es dauert weitere 30 Jahre, bis ein 680-seitiger Regierungsbericht mit dem Titel *Bringing them home* offiziell bestätigt, was damals geschah. Ein Jahr später, am 26. Mai 1998, wird der National Sorry Day eingeführt, doch erst Premierminister Kevin Rudd wird es 2008, als ich schon wieder zurück in Deutschland bin, schaffen, sich im Namen der Regierung bei den Gestohlenen Generationen zu entschuldigen. Verhandlungen über Entschädigungen dauern an.

Als ich im Flugzeug von Alice Springs zurück nach Sydney sitze, wirkt die Landschaft unter mir wie ein rotbraunes, abstraktes Gemälde. Es sieht so frei und unbeschrieben aus von oben, als würde das Land tatsächlich niemandem gehören. Als wäre nichts geschehen, keine Eroberungen, Entführungen, Expeditionen, als wäre alles friedlich. Die *Songlines* sind unsichtbar für mich. Einzelne Straßenlinien durchkreuzen das Gemälde als könne man es damit messen und ordnen. Auf einer dieser Linien fuhr ich noch vor ein paar Tagen mit dem Auto.

Ich löse die Erinnerung von ihrem Ort und ihrer Zeit und nehme sie mit: Eine Woche, 346 digitale Fotos, 91 vom Uluru, acht davon mit mir im Vordergrund, drei unscharfe Selbstporträts, auf meiner Unterlippe eine der vielen Fliegen, die man nach ein paar Tagen im Outback nicht mehr bemerkt, wenn sie still am Körper sitzen bleiben, nur der Uluru im Hintergrund ist scharf; außerdem einen Opalring, acht weitere vollgeschriebene Tagebuchseiten, den Titel eines Filmes an den Rand gekritzelt, *Rabbit-Proof Fence*, den ich mir anschauen möchte; und die Flasche mit Sand; all meine Versuche, die Zeit und das Erlebte zu vervielfältigen, eigene Kopien des Landes mitzunehmen.

Ich lasse den Sand weiter rieseln, vom Deckel zum Boden, vom Boden zum Deckel. Was kann man sonst mit abgefülltem Sand machen, was habe ich mir nur dabei gedacht, ihn mitzunehmen? Ich werde ihn nicht in einem Sandkasten ausleeren, ihn nicht auf die Blumentopferde streuen, ihn nicht in die Solarlaterne füllen. Ich habe ihn lediglich von einer vergilbten Plastikflasche in ein Tomatensaucenglas umgefüllt. Darin wird er nun für immer bleiben, kann nie mehr durch die Große Sandwüste wehen. Und das nur, weil ich nicht wusste, wie ich Australien anders festhalten könne als in einer Form, die ich greifen und sehen kann. Am liebsten hätte ich den ganzen Kontinent eingepackt und nach Deutschland verpflanzt. Oder mir zumindest als Nachbarland gewünscht.

Hin und wieder werde ich den Sand anderen zeigen, die mich besuchen: Schaut, diese Farbe hat das Outback! Und sie werden sagen, diesen roten Sand gebe es auch in Frankreich und Spanien. Ich werde mir auf die Zunge beißen, um nicht zu sagen: Das ist nicht das Gleiche!

Wir haben alle unsere Orte, die auftauchen, wenn man sie ruft.

Ich stelle das Glas zurück in das Schlafzimmerregal im Eck, außer Sichtweite.

Letzter Tag

Letzte Tage haben etwas von ersten Tagen, eine Orientierungslosigkeit, die einen durch die Straßen jagt, als gäbe es ein Ziel, dabei ist es nur eine blinde, dringende Suche nach etwas Vertrautem, an dem man sich festhalten kann; etwas, das einem am ersten Tag das Gefühl gibt, man könnte hier zurecht kommen, wenn man weiß, wo der nächste Supermarkt ist, welche Verkehrsmittel es gibt, wie man in der fremden Sprache Fragen stellt, und am letzten Tag das Gefühl, hier für eine Weile dazugehört zu haben, da man die Waren der Supermarktketten, Bäckereien und Sushiläden kennt, die Treppen hinab zu den U-Bahn-Stationen, genug Wörter, um antworten zu können. Und nochmal die Treppen vom Hostel hinunter zu den Royal Botanic Gardens, Missy Higgins oder John Butler Trio dabei hören, auf Mrs Macquaries Bank sitzen, das Opera House anschauen. Flugtickets bei Emirates abholen, das Bankkonto bei ANZ schließen, die Treppen wieder hinauf. Der Shuttle Bus zum Flughafen kommt eine viertel Stunde zu früh, zu schnell am Flughafen, im Flugzeug, und bevor ich den australischen Boden unter den Füßen verliere, denke ich: Jetzt sollte ich neue Pläne schmieden, nie gehen, ohne zu wissen, wie ich wieder kommen könnte, die einzige Kur gegen Abschiedsschmerz – wie wäre ein Literaturstudium in Deutschland, ein Auslandssemester in Australien – und dann hebe ich ab.

Jedes Mal, wenn Janosch, Sven, André und ich zusammentreffen, kramen wir die Westküstengeschichten aus. Wir können nicht anders. Selbst nach so vielen Jahren freuen wir uns, dass wir uns getroffen und das zusammen erlebt haben. Dann versuchen wir das Damals wieder aufleben zu lassen, fahren Waldstraßen in Hessen oder Thüringen hinein und suchen einen einsamen Platz für unsere Zelte. Wir grillen, machen Lagerfeuer, trinken Bier, Rotwein, paddeln am nächsten Tag verkatert einen Fluss entlang oder gehen irgendwo schwimmen, wir lassen uns treiben und vertrauen darauf, etwas zu finden, den Platz für das Zelt, ein Dach bei Regen, Kuchen am Nachmittag, eine neue Landschaft.

Alle Menschen, die ich kennenlerne, sind für mich Teil eines Ortes. Janosch, Sven und André gehören zur Westküste sowie Geordie zur Nullarbor-Ebene. Jedes Wiedersehen beginnt mit Gesprächen über vergangene und zukünftige Reisen und irgendwann kommen wir auf diesen Ort zu sprechen, unseren gemeinsamen Nenner, unsere Basis. Wir erinnern uns, wie und wo wir waren, damals, an der Tischtennisplatte im Outback, beim Schnorcheln im Ningaloo Reef, auf dem langen Weg zur Lagune.

Selbst wenn wir monatelang keinen Kontakt haben, müssen wir aneinander denken, wenn wir an den Orten sind, wo jemand von uns wohnt oder wo wir uns kennengelernt haben. Dann verabreden wir uns oder schicken ein Foto als Beweis, unsere Basis gibt es noch.

Wie hält man ein Land fest und nimmt es mit auf diese Seite der Welt, wenn man den Körper bei der Einfahrt in den Kreisverkehr schon wieder nach rechts lehnt, den Appetit nach Kässpätzle, Currywurst und Quittengelee gestillt hat, wenn man alle umarmt hat und der Alltag wieder ist wie davor?

Man sammelt es ein und packt es an einem anderen Ort wieder aus. Australien hat sich in unserer Berliner Wohnung verteilt, mit Beweisen, dass ich dort war: A. B. Faceys *A Fortunate Life* und Bruce Chatwins *Traumpfade* stehen im Bücherregal im Wohnzimmer, der Opalring liegt in einer Schmuckschatulle im Schlafzimmer, vier Tagebücher von vier Australienreisen befinden sich auf meinem Schreibtisch. Das Gummiband meines ersten Australientagebuches ist ausgeleiert und hält den Einband nicht mehr zusammen. Ich musste zusätzliche Seiten hinten einkleben, sie fächern das Tagebuch auf, eine Einladung zum Hineinblättern.

Von Anfang an nahm ich Australien schreibend mit. Täglich reservierte ich mir ein paar Minuten und setzte ich mich hin, auf das Hostelbett, den Beifahrersitz, einen Stein im Nirgendwo oder vor ein Café und schrieb über gestern. Ein paar Minuten, in denen ich den aktuellen Tag pausierte, nicht meinen Mitreisenden zum Strand folgte oder allein noch eine weitere Straße erkundete, sondern innehielt. Zeitnahes Schreiben fällt mir am leichtesten. Reflektieren, beschreiben und aussortieren geschieht automatisch, die

Erinnerung ist noch frisch, um den Tag ohne große Überlegungen nachzuerzählen.

271 Tage notierte ich auf meiner ersten Australienreise. Jeder Eintrag ist ein Erinnerungsanstupser, in meinem ersten Reisetagebuch sind es noch recht einfache Verortungen: wo, mit wem, was haben wir gegessen, wie viel hat es gekostet. Daraus entfalten sich plötzlich vergangene Gespräche, ganze Nachmittage im Detail. Ich dachte schon, ich hätte vergessen, was nicht in meinem Tagebuch steht.

52

Bleiben

Fotos in einer Reihenfolge anzuordnen und Erinnerungen in Kapitel aufzuschreiben fühlt sich an wie das Erstellen einer Playlist. Das Zusammenspiel muss passen, die Balance zwischen den Geschichten und Gedankenelementen. Innehalten in den Pausen. Genauso wie man langsamere und schnellere Lieder in einer bestimmten Reihenfolge abspielt, stellt man gleiche oder komplementäre Farben, Formen und Ausschnitte nebeneinander. Wechselt ab zwischen Nah- und Fernaufnahme, Kurz- und Langatmigkeit. Der Versuch, aus dem Eigenen etwas Universelles zu machen. Das Zusammenspiel ist schwierig, wenn man zu nah dran ist. Ich scheue mich davor, die Chronologie zu ändern, möchte Persönliches streichen, Erinnerungen unter Kontrolle halten. Wie viel kann ich verändern, damit auch Außenstehende das Land erkennen, den Rhythmus fühlen, sich an das Verlieben in die Ferne entsinnen?

Zuhause auf Probe

Es sind die Wiederholungen, die einen Ort zu einem Zuhause machen: Jeden Morgen den süßen Marmeladentoast in der Brighton Road essen. Jeden Samstag die Zeitung im Gebüsch in der Rosecliff Street suchen. Den immer gleichen Weg zum Obstladen von der Athlone Street laufen. Beim Heimkommen die abblätternde Papierbirkenrinde in der Pearson Street streifen. Jeden Abend dem Piepsen der Zikaden und des 24-Stunden-Ladens in der Brunswick Street lauschen. Das Zuhause ist ein Gewohnheitsort, an dem man die immer gleichen Bewegungen macht, das kann jeder Ort werden, an dem ich meinen Rucksack auspacke.

Ich möchte ausprobieren, wie es ist, in Australien zuhause zu sein. Für ein Auslandssemester an der University of Queensland fliege ich 2009 nach Brisbane zurück. Ich verschwende keinen Gedanken an die Folgen, die auftreten können, wenn man sich auf der anderen Seite der Welt auf Heimatsuche begibt. Ich möchte nach zweieinhalb Jahren einfach wieder ankommen.

Für meine Rückkehr wähle ich einen Gewohnheitsort: Ein Hostel, da kenne ich mich aus. Die Räumlichkeiten in Hostels ähneln sich überall, bestehen aus Mehrbettzimmern, Gemeinschaftsküche, Aufenthaltsraum und Außenbereich. Das hat sich in zwei Jahren nicht verändert. Ich checke im Somewhere to Stay im Brisbaner Viertel Highgate Hill ein, beziehe das untere Bett eines Doppelstockbettes im Sechserzimmer, staple die Bücher auf dem Boden, schiebe den Rucksack unter das Bett, lege die Kopfhörer gegen eventuelle Schnarchgeräusche neben das Kopfkissen, hänge mein Handtuch über die Leiter zu meinen Füßen zum Trocknen. Im Schlafanzug laufe ich zum Zähneputzen und zum Duschen, mit müden Augen zum Kühlschrank, wo ich den grünen Woolworths-Stoffbeutel mit meinem angetackerten Namensschild herausnehme, Müsli oder süße Marmelade auf Toast zum Frühstück esse und mich je nach Wetter im Gemeinschaftsraum oder auf der Veranda dazusetze. Mal zu den Neuen, mal zu denen, die schon ewig hier zu sein scheinen. Hostels sind die einfachsten Orte, um Freundschaften zu schließen. Wir verbringen ein Frühstück, einen Stadtausflug, einen Tag und dann eine ganze Woche zusammen.

»Und, was hast du heute so vor?«, fragen wir uns, und wer nicht arbeiten muss, läuft mit zur Lagune oder bleibt am Pool, liest, kocht, erzählt. Abends trinken wir zusammen Wein auf der Veranda während sich neben uns Opossums aus den Bäumen fallen lassen als wären sie schwere, reife Äpfel. Ende Juli, im Winter, ist es warm genug für T-Shirt und Rock.

Als das Sommersemester beginnt, gehen viele auf Wohnungssuche und verlassen nach und nach das Hostel. Ich bleibe bei den Backpackern, kaufe mir ein Zelt für 15 Dollar, lese *My Brilliant Career* von Miles Franklin für mein Seminar *Twentieth-Century Australian Literature* am Hostelpool, fahre mit der Fähre zur University of Queensland und wenn ich sage, ich gehe nach Hause, meine ich das Hostel.

Selbst als ich eines Tages mit einem dicken, blauen Knie aufwache, wünsche ich mir noch kein eigenes Zimmer. Der Uniarzt sagt, es sei ein Virus, der nach draußen drängt, ich wundere mich, wie hart der blaue Fleck ist und woher mein Fieber kommt. Ich bleibe im Bett und lasse es heilen. Abends erzählt mir Dave aus Schottland von seiner Arbeit in der Orangenfabrik, tagsüber bringt mir Silke aus Tübingen Bücher und Essen, und als das Knie grün ist, laufe ich selbst zum Kühlschrank, und als es gelb schimmert, setze ich mich wieder hinaus auf die Veranda, wo Tim aus Kanada eine selbst gemachte Gemüselasagne serviert. Wir passen aufeinander auf, auch wenn wir uns erst ein paar Wochen kennen. Ich fühle mich so wohl, dass ich meinen neuen Plan fast vergesse: den australischen Alltag.

Vorsichtige Erinnerung

Gibt es eine vorsichtige Erinnerung? Eine, die ohne Gerüche und Gefühle daherkommt, mit der ich im Tagebuch lesen kann, ohne dass die Szenen über die Seiten hinaus schweben. Eine vorsichtige und unsentimentale, die mich nicht so weit zurücktransportiert, dass ich lieber dort statt hier wäre.

Solch eine Erinnerung wäre wohl langweilig, würde keine Regung auslösen, keine Wörter ausspucken, keine Sehnsucht entfachen, mich nicht stetig herausfordern, die Distanz zu überwinden; Australien hierher zu holen oder mich nach Australien zu schicken. Ich bleibe in Bewegung.

Rosecliff Street

Ich ziehe in das Haus am Fluss ein. Trage meinen Rucksack die Treppen durch einen dicht bewachsenen Hang hinunter. Trete ein, Bäume blockieren die Sonne, die in die Küche und in mein Zimmer scheinen könnte. Ich stelle meinen Rucksack zwischen Bett, Schreibtisch und Einbauschrank auf den Boden, gehe zurück ins Wohnzimmer, von dem bodentiefen Fenster schaue ich auf den wilden Garten, in dem Truthähne spazieren, und auf den Steg, der sich im Brisbane River wiegt. Draußen auf dem Balkongeländer sitzt ein weißer Vogel mit dunklen Flügeln und scheint größtes Vergnügen daran zu haben, zu lachen statt zu singen. Ein Teil von mir freut sich, dass ich hier wohnen darf, in einem Haus mit Garten und Steg! Aus Deutschland kenne ich Wohngemeinschaften nur in Wohnungen. Der andere Teil von mir vermisst das Zimmer 26 im Hostel. Bis auf den lachenden Vogel ist es noch still. Abends kommt mein neuer Mitbewohner, setzt sich ins Wohnzimmer mit seiner Freundin, er spielt allein Solitär während sie sich Zigaretten dreht. Ich gehe früh ins Bett an diesem Tag, es gibt keine Gespräche, bei denen ich hängen bleibe, keine spontanen Pub-Besuche. Eigentlich hatte ich mich auf einen Abend in einem eigenen Zimmer gefreut, doch ich lasse den Rucksack unausgepackt, das Buch ungelesen, laufe durch das Wohnzimmer in das Badezimmer, versuche eine Weile erfolglos das Schloss zu schließen, putze mir die Zähne und lege mich ins Bett. Niemand raschelt in Plastiktüten und sucht nach einem Schlafshirt, niemand schnarcht.

Fast täglich laufe ich noch den Weg vom Fluss zum Hostel, von meiner neuen Bleibe zur alten. Auf halber Strecke befindet sich der Highgate-Hill-Aussichtspunkt. Von dort schaut man auf die Stadt und sieht vor lauter Bäumen kaum die Häuserdächer. Am Horizont beginnt das Stadtzentrum, dort ragen Hochhäuser und das Riesenrad empor. Brisbanes Autor David Malouf hat Recht, als er schrieb, dass Grün die dominante Farbe von Queenslands Hauptstadt sei. Die Häuser von Brisbane scheinen im Dschungel zu stehen, bewacht von Papierbirken und Palmen aller Art, die ein leuchtendes Blätterdach über die Straße spannen wie eine schützende Plane. Mittendrin plappern Papageien und bauen Spinnen riesige Netze. Indigene jagten hier einst Opossums und Wallabys und benannten die Gegend *Bennung-urrung* nach der Bartagame, einer Echse, die bis zu einem halben Meter lang werden kann und noch heimisch in Highgate Hill ist. Von hier oben kann ich den Fluss erahnen, der sich von meinem neuen Zuhause in einem großen Bogen an West End vorbei unter etlichen Brücken in die Innenstadt schlängelt, durch South Bank, Kangaroo Point und New Farm bis zur Moreton Bay. In dieser Bucht landeten 1770 James Cook, 1799 Matthew Flinders, 1824 Brisbanes erste Sträflinge aus Großbritannien und 1838 die ersten freien Siedler. Die indigenen Völker leben schon seit etwa 25 000 Jahren in der Gegend, die Quandamookas in der Bucht und die Turrbals in Brisbane, das in ihrer Sprache Meanjin heißt, der stachelförmige Ort.

Wenn ich den Hügel hinunter laufe, schaue ich näher, sehe Telefonzellen, Briefkästen, die roten Blüten der Zylinderputzerpflanzen, zwei weiße Stühle im Spätnachmittagslicht. Bleibe stehen. Statt meiner digitalen Kamera trage ich mittlerweile eine analoge Canon AE-1 in meiner Tasche. Ich möchte weniger Fotos machen, von einem Motiv nur eins statt 91. Ein analoger 35-mm-Film hat nur 36 Bilder. Ich fokussiere auf die Stühle, stelle die Blende ein, die Aufnahmezeit. Sollte ich nicht besser den Ausblick auf Brisbane fotografieren statt zwei leere Stühle? Ich ziehe den Film weiter, entscheide mich für den kleinen Moment, der mich stehen bleiben ließ, drücke den Verschluss durch, es klickt.

An einem dieser täglichen Spaziergänge beginnt es zu regnen. Ich habe den Aussichtspunkt schon fast erreicht, als es plötzlich so dunkel wird als hätte sich über den ersten Abendhimmel ein zweiter gelegt wie ein dunkelblaues Transparentpapier. Ich laufe die Gladstone Road hinauf, vorbei an einem Haus, das ich mir als potentielles Zuhause angeschaut hatte. Das Zimmer wäre eine zugebauten Veranda gewesen, eine von vielen Möglichkeiten, bei Queenslander Häusern mehr Wohnraum zu schaffen.

Mehr Tropfen fallen, ich laufe schneller, kenne den Regen in Brisbane noch nicht. Als es aber plötzlich und heftig zu schütten beginnt, erinnere ich mich an die tropischen Gewitter an der Westküste. Innerhalb von Sekunden bin ich nass. In der Ferne krachen Donner, Blitze erhellen den Himmel. Wohin nun? Im Haus am Fluss sind meine Wechselklamotten, im Hostel könnte ich dem Gewitter mit Silke, Dave und Tim von der Veranda aus zuschauen. Das Wasser läuft die Straße hinunter, hat die Stufe der Pfützenbildung übersprungen, es läuft an mir herunter. Es fühlt sich an, als wäre ich allein mit der Stadt hier draußen, während sich alle anderen drinnen verstecken. Nur Brisbane und ich beobachten, wie die Straßenlampen flimmern, die Blätter glänzen, das Wasser fließt. Alles ist nass und lebendig und immer noch warm. Ist man einmal im Regen drin, merkt man ihn nicht mehr.

Jetzt ans große Fenster im Wohnzimmer setzen, dem Regen von drinnen zuzuschauen und George Johnstons *My Brother Jack* weiterlesen, mich wie der Hauptcharakter in der Welt der Bücher verlieren, mir etwas Trockenes anziehen, einen Billy Tea kochen, schwarzer Tee mit Eukalyptusblättern. Jetzt nach Hause gehen. Ich folge dem Wasser auf der Straße die Gladstone Road hinunter und kehre um zum Haus am Fluss.

Kate zieht ein. Sie nimmt mich mit zu Kinoabenden und zu den Grillplatten in South Bank, die jeder nutzen darf. »Bring a plate«, sagt sie, bring etwas zum Essen mit, meint sie, und dann stehen wir mit ihren Freunden und meinen Hostel-Freunden unter Palmen zwischen der Lagune und dem Brisbane River, jeder hält ein geklapptes Sandwichdreieck mit Bratwurst und BBQ-Sauce in der einen und etwas zu trinken in der anderen Hand. Einer erzählt, dass im Fluss über 1000 Bullenhaie schwimmen, wir schauen auf das Wasser, das trüb und ruhig durch die Stadt fließt.

Hin und wieder wagen sich trotzdem Wasserskifahrer auf den Fluss, Kate und ich beobachten sie von unserem Balkon. Auf dem Balkongeländer lacht immer noch der weiße Vogel mit der braunen Augenbinde, als wäre alles ein Witz.

»A Kookaburra«, sagt Kate und ich versuche den Namen zu wiederholen, langsam wie ein Kind, war noch nie schnell mit fremden Wörtern. Der Benannte lacht mich aus.

»Es gibt ein Lied«, sagt Kate, und singt: »Kookaburra sits in the old gum tree, merry merry king of the bush is he…«

Ich summe die Kindermelodie nach, die fest in Kates australischer Kindheitserinnerung verwurzelt ist. Die Augen des Vogels schauen ganz ernst während er schneller lacht als er seinen Schnabel auf und zu klappen kann. Im Deutschen wird er Lachender Hans genannt. Ich muss an einen anderen Hans denken und summe »Hänschen klein ging allein in die weite Welt hinein…«.

Beim Kletterkurs lerne ich Joe aus New South Wales und Jack aus dem nördlichen Queensland kennen. Abwechselnd sichern wir uns, während einer von uns nach oben klettert. Zwischen den Kletterrouten führen auch Treppen hinauf. Oberhalb der Klippen kann man spazieren gehen, auch mit dem Auto hinfahren und parken, dort geht die Stadt weiter, das Viertel heißt Kangaroo Point.

»Lass dir Zeit, schau dich um«, höre ich eines Abends von unten, während ich am Fels hänge und die Unterarme pochen, ich möchte nie nach unten schauen, drücke die Beine durch, greife nach dem nächsten Halt, daneben, falle ins Seil.

»Ich komme runter.«

»Probier es noch einmal.«

»Ich bin müde.«

»Du willst die ganze Aussicht.«

Manchmal gibt es Menschen, die einen ein bisschen länger an einem Ort festhalten.

Ich stoße mich ab, fester Halt, greife zu, nächster Stand, nächster Halt, irgendwann berühre ich den Karabiner ganz oben. Drehe mich um, hinter mir die leuchtende Skyline und ihre bunte Spiegelung im Brisbane River, darüber einzelne Sterne. Eine leichte Brise weht vom Fluss herüber, die dunklen Bäume tanzen sachte im Scheinwerferlicht. Wie schön es hier ist. Ich höre ein »Amazing!« 20 Meter unter mir, dann stoße ich meine Beine gegen die Felswand und schwinge mich am Seil hinunter.

In jeder australischen Großstadt gibt es eine Queen Street, eine Elizabeth Street und eine Charlotte Street, die an die Anfänge der Kolonialisierung erinnern, als die Straßen zu Ehren der britischen Königsfamilie benannt wurden. In Brisbane führen die Straßen mit den royalen Frauennamen gen Nordosten durch das Zentrum und kreuzen William Street, George Street, Albert Street und Edward Street, die Straßen mit royalen Männernamen. In der Queen Street reihen sich Einkaufszentren und Bars in einer Fußgängerzone aneinander, in der Charlotte Street finde ich Australiens größtes Antiquariat. Auf einem Backsteingebäude steht der magische Schriftzug *One Million Books*. Hier zieht es mich immer wieder hin. Trete ich durch die Eingangstür von Archives Fine Books, muss ich blinzeln beim Übergang vom grellen Sonnenlicht ins schummriges Buchladenlicht, vom Mittagspausengewusel in die Stille der Regale. Es riecht nach altem Papier und Eukalyptusöl. Ich bleibe stehen, bis sich meine Augen an die Bücherdämmerung gewöhnt haben, dann schlendere ich von einem Gang in den nächsten wie bei einem Labyrinth, aus dem ich nicht herausfinden möchte. Karten stecken zur Orientierung zwischen den Büchern, auf denen Themen wie *bushranger, costumes* oder *navigation* stehen. Mit nach rechts geneigtem Kopf stehe ich vor *fiction* und *literary magazines*, suche nichts, finde oft. Und wenn nicht, bitte ich Hamish, den Besitzer, um Hilfe.

»Kannst du mir Bücher von Brisbane empfehlen?«

Hinter ihm hängt eine Fotografie von Black, dem Buchhändler aus der britischen Comedyserie *Black Books* mit ähnlich zerzausten, dunklen Haaren. Hamish schlägt die Bücher von Brisbanes Autor David Malouf und das Memoir von Judith Wright vor, einer Dichterin und Aktivistin für Umweltschutz und Landrechte der australischen Ureinwohner.

Wir gehen zu einem Regal, das beidseitig mit australischer Literatur gefüllt ist. Die Bücher sind in keinem System vermerkt, wir können sie nur im Regal suchen. Ich finde *Johnno* von David Malouf, beginne zu lesen, als ich mit dem Bus zurück nach Highgate Hill fahre. Das Brisbane der 1950er-Jahre wird beschrieben, und ich halte Ausschau nach Maloufs weißem Haus mit breiter Veranda in South Brisbane, von denen es viele gibt. Auf dem Sitz gegenüber liegt die aktuelle *Courier Mail*, wir fahren an Weatherboard-Häusern und federartigen Palmen vorbei, wie im Roman beschrieben. Brisbane sei »simply the most ordinary place in the world«, heißt es, der Protagonist würde lieber in London leben statt an einem so gewöhnlichen Ort, und ich frage mich, ob nicht das Brisbane so lebenswert macht, das Fehlen großer Sehenswürdigkeiten wie das Sydney Opera House und stattdessen das Gefühl eines großen Dorfes, wie Brisbane gern genannt wird. Ein Dorf, in dem 2,6 Millionen Leute wohnen, wo man sich auf Märkten und in Buchhandlungen über den Weg läuft und in Stadthäusern mit Gärten wohnen kann.

»Mir gefällt es hier«, sage ich zu Silke, als sie mich zum Frühstück besucht. Wir sitzen auf dem Steg und essen Bananenbrot, das sie mitgebracht hat. Gegenüber legt die Fähre an, Wellen schwappen zu uns herüber.

»Ich will reisen gehen«, sagt Silke. Sie probiert das mit dem australischen Alltag, geht zu ihren Kursen, steht einmal die Woche um 5 Uhr auf und rudert mit dem Unisportverein auf dem Brisbane River an meinem Zuhause vorbei. Sie ist das erste Mal in Australien, möchte am liebsten die Strände, die anderen Städte und das Outback erkunden, statt an einem Ort festzusitzen und zu studieren.

Meine Woche hat sich in Brisbane eingependelt: dienstags Klettern, mittwochs Kurse auf dem St Lucia Campus der University of Queensland, samstags West End Market, wo ich mit Silke Mangos kaufe und unter einem großen Feigenbaum Musikern lausche. Dazwischen lese ich jede Woche einen australischen Roman für den Twentieth-Century-Australian-Literature-Kurs, schreibe Tagebuch für das Torres-Strait-Island-and-Aboriginal-Seminar und analysiere die australische Medienlandschaft für ein weiteres Seminar. Ich kaufe mir das *Frankie Magazin,* Literaturmagazine wie *Voiceworks* und *Meanjin* und abonniere die Wochenendzeitung *The Weekender Australia,* die jeden Samstag irgendwo im Gebüsch neben dem Briefkasten liegt. Ich stelle mir den Mann oder die Frau auf einem Roller vor, Zeitungen in alle Richtungen werfend, und doch sehe ich nie jemanden, verfluche die Person nur leise, wenn die Zeitung ganz tief im Gebüsch liegt und ich an die Schlange denken muss, die wir letztens am Steg gesehen haben. Es muss eine Rautenpython gewesen sein, die ihre Opfer nicht vergiftet sondern einschnürt bis kein Blut mehr fließt. Dann wühle ich besonders laut nach der Zeitung, damit die Schlange und ich uns nicht voreinander erschrecken, und trage das zusammengerollte Papier wie eine Trophäe zurück ins Haus.

Abends sitze ich oft auf dem Steg, trinke schwarzen Tee mit Dave oder Wein mit Kate und Silke, wir lassen uns von den Haien im Fluss und den Schlangen und Truthähnen am Ufer nicht stören. Brisbane fühlt sich immer heimischer an.

Doch bevor Silke aufbrechen kann, kommt das Outback zu uns nach Brisbane, der Wüstensand in die Stadt. Die grüne Stadt ist grau im Regen, gelb an den langen Nachmittagen, bunt am Abend und an einem meiner Uni-Mittwoche sepia eingefärbt. Ich sitze im Gordon-Greenwood-Gebäude auf dem St Lucia Campus, als sich ein orangebrauner Schleier über die Bäume, den Gehweg, über die ganze Stadt legt.

»Muss ein Sandsturm sein«, sagt meine Sitznachbarin, als ich sie fragend anschaue, und konzentriert sich wieder auf das Seminar.

In Australien ist man es gewöhnt, dass sich die Natur aufbäumt. Die Stadtflächen sind in der Minderheit zu den wilden, großen Naturflächen. Um Melbourne herum gibt es jährlich große Buschfeuer, die die Stadt in eine graue Rauchwolke stecken, als würde es bald regnen. Ich stand vor drei Jahren genauso verwirrt und fasziniert auf der Dachterrasse eines mehrstöckigen Hostels in der Innenstadt von Melbourne und starrte in die Wolke, die nebelhaft die Umgebung verhüllte. Man sah kaum das nächste Haus. Die Melbourner gingen ihrem Alltag nach. So etwas passiert ständig.

Ich kann auch diesmal nicht aufhören, nach draußen zu starren. Woher kommt der Sand? Wie stark ist der Wind? Kann man rausgehen oder würden die Augen tränen vor lauter Sand?

Ich verlasse das Seminar und nehme den Bus über die Eleanor Schonell Bridge in die Innenstadt. Die ganze Stadt ist in Sepia getunkt, das Licht so weich. Ich stehe auf der Victoria Bridge, schaue den Fluss entlang und fotografiere. Am rechten Ufer kommt das Riesenrad zum Stillstand, am linken Ufer erhebt sich die Skyline. Die Umrisse verschwimmen, der Hintergrund verschwindet.

Später lese ich, dass die Staubwolke 1000 Kilometer lang und 500 Kilometer breit war und innerhalb einer Nacht aus dem Outback im nordwestlichen New South Wales an die Ostküste zog. Flüge wurden gestrichen, Fenster geschlossen, in Sydney lag auf den Autos eine feine Sandschicht.

Am nächsten Tag ist der Himmel über Brisbane wieder blau und die Staubwolke gen Osten gezogen. Zwei Tage später landet roter Outbacksand in Neuseeland, steht in den Zeitungen. Als ich meine entwickelten Fotos abhole, haben sie die Negative so gescannt als wäre der Sand ein Farbfehler. Es sieht aus, als hätte ich Brisbane an einem grauen Regentag fotografiert.

Joe vom Kletterkurs hat viel Zeit in Italien verbracht, er erzählt mir von den Aussichtspunkten in Florenz, wie man Risotto kocht und Cappuccino macht, von Amedeo Modiglianis Gemälden und den köstlichen Panini, die man sich in italienischen Supermärkten zusammen stellen kann. Wir werden ein Paar, uns eint die Fotografie und die Sehnsucht nach der jeweils anderen Seite der Welt. Ich schmiede Pläne, wir fahren gen Norden, schlittern mit dem Allradfahrzeug über den Strand im Sandy National Park und zelten in erster Reihe am Meer. Wir fahren gen Süden, versuchen hinter die Wellen mit Surfbrettern und Surfkajaks zu paddeln, schauen nach Walen vom Cape-Byron-Leuchtturm und zelten inmitten von Graswolken und nächtlicher Musik in Byron Bay.

Der Sommer in Brisbane ist heiß und schwül, Kakerlaken flitzen über den Küchenboden des Hauses, während ich Mangowürfel in mein Müsli schneide. Selbst Kate, die bereits bei 25 Grad einen Pullover überzieht, trägt nur noch Kleider. Sehnsüchtig schauen wir vom Balkon auf den Fluss und wünschten, es gäbe keine Bullenhaie und wir könnten darin schwimmen.

Mein Kreislauf kommt nicht gut mit feuchter Hitze klar und so entwickle ich bei 35 Grad Celsius neue Gewohnheiten. Ich laufe im Schatten unter den violettfarbenen Jacarandabäumen statt in der Sonne, gehe in die Gallery of Modern Art statt an die Lagune, und um die Hitze draußen zu lassen, schließe ich alle Fenster im Haus. Ich gewöhne mich beinahe an das Schwindelgefühl, eine Hand stets nahe einem Zaun, einem Baum, einem Stein. In einem Land anzukommen und sich darauf einzulassen, bedeutet auch, den eigenen Körper mit der Luft, dem Wetter und den Jahreszeiten abzugleichen.

Als all die Blüten der Jacarandabäume auf der Straße liegen, stattdessen die orangenen Flammenbäume anfangen zu blühen und das Ende des Semesters und den Start der Regenzeit ankündigen, läuft mein Mietvertrag aus. Ich packe wieder meinen Rucksack. Bis ins letzte Detail spüre ich das Haus am Fluss mit Geschichten, die schon jetzt Erinnerungen sind, bin gut gestimmt und versöhnlich, sehe es selbst den Kakerlaken nach und vermisse den Kookaburra auf dem Balkon, während er noch lacht.

Brisbane wird zu dem Ort, von dem ich aufbreche, um reisen zu gehen, und an den ich stets wieder zurückkehre.

Was übertragen wir auf Sehnsuchtsorte – was suchen wir in ihnen, wollen aus ihnen herausholen? Uns nochmal woanders neu erfinden; uns neuen Sprachen und Straßen aussetzen und schauen, wie viel mehr wir können, sehen und denken als hier. Irgendwo sein, wo einen noch niemand kennt, wo man neue Geschichten, Gerüche, Klänge, Straßenkarten und Begegnungen sammelt.

Australien war immer mein nächster Schritt, meine Motivation, meine Lösung, mein Fluchtort. Wenn ich nicht wusste, wie es weitergehen sollte, war Australien da. Meine Sehnsucht von hier nach dort. Ich konnte mich woandershin träumen, und diese Träume realisieren. Für ein Auslandssemester bewerben, Flug buchen. Mich von der Sehnsucht treiben lassen, aktiv werden, nicht still stehen.

Ich bin nicht allein mit meinem Sehnsuchtsland. Meine beste Freundin Jen zieht es nach Irland. Sie hört irisches Radio in ihrer Stuttgarter Küche, unter der Dusche, an ihrem Schreibtisch. Trinkt ihren schwarzen Tee mit Milch und liebt den Regen wie niemand sonst. Wenn es tröpfelt, nieselt, schauert, sprüht, prasselt, plätschert – in Irland gibt es den Regen in all seinen Formen und Sprachausführungen – ist sie am Fenster, als würde sie die Regentropfen zählen, oder läuft mit ihrem Hund vor die Tür. Er mag den Regen leider gar nicht, stemmt sich mit seinen winzigen Pfoten gegen jeden weiteren Schritt im Nassen. Den Regenschirm lässt sie zuhause wie die Iren, um damit nicht gegen den Wind zu kämpfen, zieht sich nur die Kapuze tief ins Gesicht und läuft freudig umher. Dieses Wetter bringt ihr Irland immer ganz nah, so wie ich in den ersten Frühlingstagen immer an Australien denken muss, als würde nicht nur die Natur nach jedem langen, stillen Winter erwachen, sondern auch meine Sehnsucht. Jen kann ihren Sehnsuchtsort innerhalb von wenigen Stunden erreichen, mehrmals im Jahr, wenn ihr danach ist. Ich hätte auch ein näheres Land wählen sollen.

»Italien ist eine Verlockung, ein Urlaub, eine Sehnsucht, aber kein Zuhause«, sagt Joes Vater. »Ich brauche Italien. In Australien freue ich mich auf Italien, in Italien freue ich mich wieder auf Australien.«

Vielleicht haben die meisten zwei Länder, zwischen denen sie sehnen und leben.

Ich treffe noch andere Menschen, die gern woanders wären. Katie aus Australien träumte von einem Leben in Paris und zog dann zu ihrem italienischen Freund in ein toskanisches Dorf, wie sie mir in einem Café in Berlin kurz vor Weihnachten erzählt. Ania aus Polen sehnt sich nach dem Norden, hat ein Jahr in Stockholm gewohnt und wäre am liebsten auf einer skandinavischen Insel. Bis dahin genießt sie ihren Berliner Balkon. Malin aus Schweden empfängt uns im südschwedischen Skåne als Gastgeberin, sie hat einen Bauernhof zu Gästewohnungen umgebaut, Hühner laufen frei herum, von ihrem Garten sieht man einen Streifen Ostsee am Horizont. Sieben Jahre hat sie in Nepal verbracht, zwei Jahre war sie nicht mehr dort. »Oh, this longing«, sagt sie nur und ich frage nicht weiter. Ich sehe das schöne Hier, verstehe das ferne Dort.

Vielleicht haben wir alle ein Sehnsuchtsland. Eines, das verführt, neue Seiten zeigt und herausfordert, das man immer wieder verlässt, nur um zurückzukommen.

Mein Freund ist Berliner. Er erdet mich, erinnert mich, hier zu sein, mit Kopf und Körper. Er hat Glück, sein Sehnsuchtsziel ist die Stadt, in die er geboren wurde und in der wir heute wohnen.

»Weißt du noch,« fragen mein Bruder Toni und ich uns hin und wieder, »weißt du noch, unsere Fahrradurlaube, die Nächte im Familienzelt, weißt du noch, wie wir bei den Fahrradurlauben gestreifte Füße bekamen, weil die Sonne auf unsere Sandalen schien, wie wir die Zeltwände bei Regen nicht berühren durften, damit es nicht hinein tropft?«

Weißt du noch, möchte ich fragen, wie wir das Reisen lernten?

Mit wasserdichten Packtaschen rollten wir in den Pfingstferien auf Fernradwegen dahin, entlang der Donau, durch die Niederlande, durch Belgien. Auf meiner ersten Radtour war ich sechs Jahre alt, Toni saß im Fahrradsitz hinter unserer Mutter, unser Vater zog den Anhänger hinterher. Wir fuhren um den Bodensee, die erste Etappe betrug 70 Kilometer. Später, wenn wir nicht weiterwollten, hielten wir uns an den Händen und zogen uns abwechselnd vorwärts. Wir erzählten und schauten in Vorgärten, auf Flussströmungen und weite Landschaften. Mittags aßen wir Brötchen vom Bäcker und einen Salat von der Kühltheke. Wenn wir uns verfuhren, hielten andere Fahrradfahrer an und halfen uns weiter. Irgendwann kamen wir immer auf einem Zeltplatz an.

Familienerinnerungen, wie sie viele haben. Von Urlauben, Fahrten, Mahlzeiten. Nur in den Ausführungen verschieden.

»Weißt du noch,« fragte ich meinen Bruder letztens, »weißt du noch, wie wir in Australien auf den Rastplatztischen schliefen?«

Damals besuchten mich Toni und seine Freundin in Brisbane. Zu dritt starteten wir einen Roadtrip nach Sydney. Eine Nacht blieben wir in Byron Bay, eine andere am Lake Arragan, wo der Regen begann. Die Klippen und die Strände wirkten unter den grauen Wolken und dem Nieselregen wie in Irland. Nur die Kängurus, die zwischen den Zelten umher sprangen, passten ins australische Bild. Ich wollte Toni mein Australien zeigen: Roadtrip, Wildcampen, Surfen. Ihm zeigen, wie einfach es war, hier zu reisen.

Bevor die dritte Nacht begann, bogen wir in kleine Straßen ab, um einen Platz für unser Zelt zu finden. So hatte es bisher immer geklappt, an der Westküste, in der Nullarbor-Ebene, im Roten Zentrum. Es erwarteten uns Matsch oder Privatgelände. Ich hatte bei der Reiseplanung das Wetter und die Tatsache, dass die Ostküste viel dichter besiedelt ist als der Rest Australiens, nicht beachtet. Achtzig Prozent der Australier wohnen im Südosten. Es hörte nicht auf zu regnen und ich musste einsehen, dass wir in dieser Nacht kein Zelt mehr aufbauen würden.

Wir nahmen die Ausfahrt zum Rastplatz Paddy's Rest, setzten uns erstmal an einen überdachten Tisch. Der Wind blies die Flammen des Kochers aus. Wir hatten keinen Empfang, um Unterkünfte aus dem Lonely Planet anzurufen.

Ich schaute mich um, es war trocken unter dem Dach und es gab Toiletten.

»Wir können hier schlafen«, schlug ich vor.

»Warum nicht«, sagte Toni sofort.

Ich war überrascht, hatte vergessen, dass auch er überall schlafen konnte. Dass wir beide das Reisen von unseren Eltern gelernt hatten. Seit dem letzten Familienurlaub waren wir nicht mehr zusammen unterwegs gewesen.

»Hier?«, fragte seine Freundin.

Wir spielten Mensch-ärgere-dich-nicht, hin und wieder fuhr der Lichtkegel eines heranfahrenden Autos über das Spielbrett. Es wurde später, es gab keinen anderen Plan, es regnete immer noch. Also rollte sich seine Freundin auf den Beifahrersitz und Toni und ich legten unsere Isomatten auf die hintereinander stehenden Tische und krabbelten hinauf in unsere Schlafsäcke.

Als Kinder hatten wir das einfache, langsame, manchmal auch abenteuerliche Unterwegssein gelernt. Was wir konnten: Zelte bei jedem Wetter aufbauen, bis zu 100 Kilometer am Tag Fahrradfahren, überall schlafen, egal, welche Geräusche oder Wetter durch Zeltplanen drangen. Was wir nicht konnten: Nicht unterwegs zu sein, weil etwas zu teuer, zu kompliziert oder zu weit war; es gab immer einen Weg.

Natürlich kann man Reisen auch später lernen. Ich bin damit aufgewachsen, empfinde Planänderungen, Regenschauer und andere Komplikationen entlang des Weges als normal, begegne ihnen mit einem Schulterzucken, gar mit Freude, da es dann Platz für etwas Unerwartetes gibt.

So lagen wir Kopf an Kopf auf den zwei Tischen unter dem Rastplatzdach irgendwo entlang des Pacific Highways. Der Regen fiel und fiel und baute den vier offenen Seiten Wasserwände. Wir drehten uns beide auf den Rücken, ein bisschen besorgt, dass wir im Schlaf herunterfallen könnten, erst auf die Holzbank, dann auf den nassen Boden. Aber ehrlich, wann waren wir das letzte Mal aus dem Bett gefallen? Weißt du das noch? Ich nicht mehr.

Als wir die Augen öffneten, um weiterzureden, war es schon hell. Wir rollten die Isomatten zusammen und fuhren zu den South West Rocks, um den Surfern vom Leuchtturm aus zuzuschauen. Sie warteten geduldig im Nieselregen auf die nächste Welle und schienen sich weder am Warten noch am Wetter zu stören, sie waren dort, wo sie sein wollten.

Toni wartete noch, bis wir im sonnigen Bondi Beach waren, bevor er sich die ersten Male auf ein Surfbrett stellte. Frühmorgens, wenn wir noch schliefen, lieh er sich eines aus und lief in die Wellen. Das Surfen nahm er von Australien mit zurück nach Hause und auf seine nächsten Reisen nach Indonesien, Marokko und Portugal, sogar ins nieselregnerische Irland.

Was ich noch von meinen Eltern lernte: Dass man sich Sehnsuchtsorte zu eigen machen kann.

Sie wuchsen in der DDR auf, ich wurde dort geboren. Sie stellten einen Ausreiseantrag, der zeitgleich mit dem Fall der Mauer bewilligt wurde, packten alles zusammen und zogen in den Westen.

Ich war zwei Jahre alt, meine Mutter schwanger mit meinem Bruder.

»Wir waren jung, wir haben uns damals nicht so viele Gedanken gemacht«, sagt sie, wenn ich ihr lauter Fragen stelle: Was war mit Omi und Opa, habt ihr sie nicht vermisst? Ihr habt euch das getraut, mit Kleinkind und hochschwanger?

Sie hatten diese Idee vom Westen, dort wollten und zogen sie hin und dort wohnen sie heute noch.

Es klingt so einfach. Und mutig.

Bekanntes Bild

Dieses Bild gehört der Welt. Weiße Spitzen ragen in den Himmel, nicht zu hoch, aber elegant geschwungen. Aus der Distanz wirkt das Opera House in Sydney so weiß wie auf Postkarten und in Reisemagazinen. Es steht da, eingerahmt von der Harbour Bridge, umrundet von der Fähre, die nach Manly fährt. So bekannt wirkt der Blick, doch die Hand, die die Oberfläche berühren möchte, driftet nur in die Luft.

Näher gehen. Nicht nur mit der Kamera heranzoomen, nicht nur die Postkarte zu den Augen führen, bis sie verschwimmt. Weiterlaufen, über den großen Platz, der wimmelt vor Menschen und genau so vielen Kameras und lächelnden Gesichtern. Es gewinnt an Form, Farbe und Muster. Die Treppen hinauf, und es wirkt, als würde man in eine leicht geöffnete Muschel laufen, in der Menschen an Tischen sitzen, essen und trinken.

Es ist nicht nur weiß, Linien bilden ein Netz auf leicht gelblichem Untergrund; als wollte man dem Gebäude durch die geschwungenen Linien noch mehr Form verleihen. Und dann berührt die Hand nicht nur die Postkarte, nicht nur den Bildschirm, nicht nur das Foto.

Und hier bin ich wirklich, zurück in Sydney, vor einem der bekanntesten Bilder, vor dem Opera House. Und trotz der Berührung und der Bekanntheit erscheint es ungreifbar, als wäre ich nicht wirklich hier, als stünde ich nur vor einer Leinwand. Ist es möglich, dass man manche Sachen erst im Nachhinein realisiert und deswegen fotografiert? Als Beweis, wirklich da gewesen zu sein; als Erinnerung, die im aktuellen Moment zu groß und unwirklich erscheint.

Man kennt es doch, das Opera House. Ab 1959 von dem dänischen Architekten Jørn Utzon erbaut, der kurz vor Vollendung türmte, weswegen die Außenfassade beeindruckender als das Klangerlebnis im Inneren sein soll.

Wenn man die Wirklichkeit sieht, verschwimmt sie mit den Postkartenbildern, das Erlebnis verschwimmt mit anderen Erlebnissen. Silvester 2000 vor dem Fernseher. Januar 2007 auf der Fähre nach Manly. Um den Moment am Opera House zu meinem zu machen, muss ich ihn – wie so viele vor und nach mir – in eigenen Worten und Bildern festhalten, erst dann kann ich ihn begreifen. Ich bin hier.

Ich dachte, ich schreibe, um nicht zu vergessen. Die Wahrheit ist: Ich schreibe, um vergessen zu dürfen. Notiere, um meinen Kopf frei zu machen. Muss mir nicht alles merken.

Wenn ich Australien aufschreibe, schreibe ich es raus aus meinem Kopf. Ein Gedankenumzug: Ich entferne den einen Ort, um Platz für den anderen zu schaffen.

Raues Ende der Welt

Eine romantische, beinahe idyllische Idee vom Reisen in Tasmanien haben Silke und ich in unseren Köpfen, als wir die gelben Ortliebtaschen in Hobart voll packen. Langsam wollen wir den Süden der Insel erkunden, die Kilometer mit den Pedalen weiterdrehen und die Natur genießen auf der Insel, die im Süden vor dem australischen Festland liegt. Das Klima soll rauer sein, hatten wir gehört, doch wir ahnen nicht, wie rau.

Kaum sind wir aus Hobart draußen, ist die Idylle der ruhigen, kleinen Hauptstadt vorbei. Zwei Fahrräder auf dem Highway und kein anderer Weg in Sicht. Die Autos rasen so knapp an uns vorbei, als wären wir nicht da, die erlaubten 100 Stundenkilometer wirken aus Fahrradfahrersicht zu schnell und gefährlich. Wir halten den Atem an, aus vielen Gründen: um das Gleichgewicht nicht zu verlieren und auf die Straße oder in den Straßengraben zu kippen; um die Autoabgase nicht einatmen zu müssen, trotz des Wunsches, beim Hochfahren tief einzuatmen; und um die toten Tiere am Straßenrand nicht riechen zu müssen. Wir treten immer schneller in die Pedale. Irgendwo muss das romantische Tasmanien sein. Irgendwo.

An einer Ausfahrt finden wir es. Weg vom Highway, auf der Landstraße nach Richmond, dem Convict Trail folgend. Wir können wieder atmen und uns umschauen: graublaue Seen liegen eingebettet zwischen honiggelben Hügeln.

Die kleine Stadt Richmond empfängt uns mit Cafés, Regen und ein bisschen Realität von vor 180 Jahren: Die hübschen Straßen und Gebäude wurden hauptsächlich von

Sträflingen gebaut, sogar das Gerichtsgebäude und das Gefängnis. Nach Tasmanien kamen nicht nur Sträflinge, die in England ein Brot oder ein paar Hemden stahlen, sondern diejenigen, die auf dem Festland noch einmal ein Verbrechen begangen und deswegen an das entferntere Ende der Welt geschickt wurden. Einer von ihnen, der im Richmond Gefängnis saß, war Ikey Solomon, ein bekannter Krimineller aus London, der in seinem Pfandhaus gestohlene Ware verkaufte, mehrmals verhaftet wurde und mehrmals flüchtete. Es heißt, dass Charles Dickens ihn als Vorbild für Fagin nahm, der Oliver Twist und seine Diebesfreunde anführte.

Die Landschaft spiegelt die Geschichten kaum wider, glänzt golden, als hätte sie alles vergessen. Wir fahren weiter über Australiens älteste Steinbrücke, ebenfalls in den 1820er-Jahren von Sträflingen gebaut. Manchmal wurden ganze Abschnitte zwischen asphaltierten Straßen vergessen, dann folgen wir den holprigen Fahrrillen der anderen Autos. Verlassen wirkt das einstige Van-Diemen's-Land, wie Tasmanien zur Zeit der Strafkolonie hieß. Irgendwie romantisch. Irgendwie unheimlich.

Nur Männer sitzen in den Autos, düsen vorbei, hinterlassen eine Staubwolke. Wir halten Ausschau nach einem geeigneten Platz, wo wir das Zelt aufbauen können. Es wird dunkel, als wir in Primrose Sands einrollen. Die Rasen sind gemäht, die Blumen blühen – kein Mensch ist zu sehen. Wir fahren die Straßen hoch und runter, vielleicht gibt es ja doch so etwas wie einen Zeltplatz oder ein Bed and Breakfast mit einem Garten, als wir auf zwei Männer stoßen, die an ihrem Haus arbeiten. Wir fragen nach Wasser, nach einem Zeltplatz, und sie zeigen auf die Wiese gegenüber.

»Da könnt ihr es aufbauen, unser Nachbar ist nicht da.«

Es ist eine andere Art des Reisens, wenn zwei Frauen unterwegs sind, und ich merke, als wir im Zelt liegen und ich nach Geräuschen lausche, dass ich meinen bisherigen männlichen Reisebegleitern automatisch die Verantwortung des Beschützens abgegeben hatte. Beim Reisen zu zweit muss immer eine stark sein, damit die andere schwach sein darf, muss eine optimistisch sein, damit die andere ängstlich sein darf, um sich nicht hineinzusteigern: In Vorstellungen von Autos, die in das Zelt hineinfahren könnten, von Menschen, die Böses im Sinn haben, von Tieren, die sich durch Zeltplanen fressen. Silke und ich wechseln uns ab.

Am nächsten Morgen kommt uns der Mann, den wir am Abend zuvor nach Wasser gefragt haben, mit einer Videokamera entgegen, er filmt uns.

»Wer weiß, was euch noch passieren wird«, sagt er grinsend und erzählt von dem Backpacker, der letzte Woche in Tasmanien getötet wurde. Einfach so, sagt er.

Wieso will er uns Angst machen?

Wegen einer Schlägerei in einem Pub, stand in den Zeitungen.

Wir fahren schnell davon und kommen nur bis zum letzten Haus des Ortes. Silkes Fahrrad hat einen Platten. Wir schrauben das Hinterrad ab, haben Flicken dabei und eine Pumpe, aber schaffen es nicht, das Rad aufzupumpen.

»Ich frag' nach einer anderen Fahrradpumpe«, sagt Silke, deutet auf das letzte Haus und läuft zur Eingangstür, bevor ich ihr »Sei vorsichtig, und geh' nicht mit hinein« hinterher rufen kann.

Ich warte, keine weiteren Menschen zu sehen.

Sie kommt wieder mit einem Mann, der schweigend das Rad aufpumpt und wieder verschwindet.
Vielleicht ist es das Klima, das in den tasmanischen Humor mit einfließt und den beschönigenden Small Talk, den ich auf dem Festland Australien liebgewonnen habe, unter den Tisch fallen lässt. Vielleicht spiegelt ihre Art auch die Geschichte wider.

Wir schauen uns das Gefängnis von Port Arthur an. Man könnte es beinahe als schön bezeichnen, die restaurierten Gebäude und die Kirchenruine am Wasser inmitten glattgemähter, grüner Rasenflächen, wäre es nicht von 1833 bis in die 1870er-Jahre Endstation unzähliger Gefangener gewesen.

Port Arthur war Australiens größte Sträflingskolonie und ein Versuchsgefängnis für die körperliche und »stille Strafe«: Die Insassen durften ihre fensterlosen Zellen nur eine Stunde am Tag verlassen, mussten schweigen und hatten kaum Blickkontakt mit anderen, um sich Gedanken über ihre Taten zu machen. Eine harte Isolation, nicht nur psychisch, sondern auch geografisch. Das Gefängnis liegt abseits auf der Tasman-Halbinsel, umgeben von der Tasmansee und einer schmalen, gut überwachten Landbrücke. Tasmanien befindet sich fern des australischen Festlandes, getrennt von der Meerenge der Brass-Straße. Und Australien selbst unvorstellbar viele Meermeilen weit weg von der Heimat Großbritannien. Aufgrund seiner Lage galt Port Arthur als eines der sichersten Gefängnisse jener Zeit. Es gab Fluchtversuche wie den von Billy Hunt, der als Känguru verkleidet über die Landbrücke hüpfte. Die Verkleidung war so gut, dass die hungrigen Wachen auf ihn schossen. Bevor sie ihn trafen, ergab er sich.

Am letzten Morgen unserer Fahrradtour stehen wir an der Bushaltestelle, um zurück nach Hobart zu fahren. Wir sind noch ein bisschen mitgenommen von den Gefängnisgeschichten und der letzten Zeltnacht am Ende eines Parkplatzes.

»Wieso seid ihr noch nicht fertig?«, raunzt uns die Busfahrerin an, als sie uns mit den Fahrrädern sieht. »Wir müssen weiter, zehn vor sieben war Abfahrt. Los, runter mit den Vorderrädern.« Wir fragen uns, ob ihr Ururgroßvater vielleicht ein Gefangener, ein Wärter oder ein Siedler war, während wir die Räder auseinander nehmen. Es scheint alles noch nicht so lange her zu sein. Als das Gefängnis schloss, wurden viele Gefangene zu Siedlern.

Nach zwei Stunden Fahrt und einem Kaffee ist sie wieder besser drauf, fragt uns, was wir gesehen hätten. Wir schauen aus dem Fenster. Regen, Sonne und Wolken wechseln sich schnell ab am Ende der Welt.

Ich kehre nach Brisbane zurück und finde mein drittes Zuhause in Wollongabba. Dieses Viertel querte ich bisher nur, um von der hügeligen Seite der Stadt zu den Klippen von Kangaroo Point zu kommen und von meinem zu Joe's Zuhause. Nun sind die Spaziergänge zum Fluss und zum Supermarkt wieder eben, ich muss keine Hügel hinauf und hinunter laufen, um zum Brisbane River oder zum Gabba Fruit Market zu kommen, wo ich Mangos, Aprikosen und Avocados kaufe und sich in diesen Sommertagen die Ventilatoren besonders emsig an der Decke drehen, um die Fliegen, die Hitze und die Trägheit zu vertreiben. Die einzige Steigung ist die lange Treppe zur Veranda des Queenslander Hauses, von der man die Helikopter des Mater Hospitals landen sieht. Das Haus steht auf besonders hohen Pfeilern, und der sonst freie Raum zwischen Wohnebene und Untergrund ist mit Zimmern für mehr Wohnraum gefüllt.

Im Haus herrscht Chaos. Überall sind Regale, Boxen, Teller mit Essensresten, das pinke Badezimmer ist immer dreckig, Ameisen in allen Ecken. Bei der Besichtigung war alles sauber, dachte ich. Vielleicht habe ich mich auch von der Außenfassade blenden lassen, diesem stattlichen Haus, das stolz zwischen Palmen steht.

Mein Zimmer ist so klein, dass die Rollen des Schreibtischstuhls an das Bett stoßen. Wenn es nachts regnet, fühlt es sich an wie Zelten, mein Kopfkissen liegt direkt am Fenster und der Regen tropft auf das kleine Vordach. Es regnet viel im Februar, die Straßen dampfen nach jedem Regenschauer.

Hier träume ich mich über die Türschwelle und das Fenstersims hinaus, träume von einem Verlag, einem Buchladencafé, einem Literaturmagazin. Von Büchern, die ich schreiben werde, und Reiseartikeln. Von all den Möglichkeiten einer Zukunft, die jetzt starten könnte, zwischen Auslandssemester und Studienabschluss, Australien und Deutschland.

Trete ich hinaus in das Wohnzimmer, sagt mein Mitbewohner nicht mehr als »Hallo«, verbringt seine Zeit mit Videospielen vor dem Fernseher und erlaubt mir nur eine Stunde Internet am Tag. Seinen Eltern gehört das Haus. Die anderen, die hier wohnen, sehe ich selten, ich weiß nicht einmal, wer sie sind und wie viele, sie ziehen so schnell ein und aus, dass ich meine Zimmertür abschließe. Ich ahne: mehr Wohnraum, mehr Mieteinnahmen. Mehr Zweck als Wohlgefühl.

Kümmert sich niemand um einen Wohnraum, übernehmen andere. In Brisbane sind das Kakerlaken, Spinnen, Ratten. Eines Abends sitze ich im dunklen Esszimmer, die Sonne geht im Sommer schon vor 19 Uhr unter. Von draußen scheinen die Lichter der Stadt hinein, werfen Schatten auf die überquellenden Regale, die vollen Kisten. Mehr Wohnraum, mehr Lagerfläche. Ich presse ein nasses Küchenhandtuch auf meinen Unterarm, den ich mir am heißen Topf verbrannt habe. Ich hätte das Nudelwasser nicht über der vollen Spüle abgießen sollen, jetzt liegen die Nudeln wie helle Nacktschnecken zwischen Tassen mit braunen Kaffeeresten und schmutzigem Besteck, an denen noch Butter, Rührei und andere undefinierbare Speisekleckse kleben. Hoffentlich wird es keine Brandblase.

Ich hätte mir nochmal etwas kochen können, oder einen Tee machen, ein Buch holen, doch ich möchte es mir nicht gemütlich machen, ich möchte weg. Es ist ganz still, ich weiß wieder einmal nicht, wo die anderen sind.

Ich beobachte das Lichtspiel auf dem Holztisch, als plötzlich etwas hinaufspringt. Ein Schatten läuft über die Holzplatte, zieht einen langen Schwanz nach und springt wieder herunter. Eine Ratte. Ganz knapp an meiner linken Sandale huscht sie zur Hintertür hinaus. Ich bewege mich nicht, verharre in der Wartehaltung, und frage mich, ob Zuhause nicht einfach nur ein aufgeblasener Begriff ist, ob ich nicht eine zu romantische Vorstellung davon habe. Es ist doch einfach nur ein Raum, für den man wöchentlich Miete zahlt, mehr nicht.

Am nächsten Tag kündige ich den Mietvertrag, packe meine Bücher ein und ziehe weiter.

Nachts verliere ich mitunter die Orientierung. Die Phase zwischen Schlaf und Wachen zieht sich, ich sehe einzelne Lichter durch ein Fenster und weiß nicht, wo ich bin. Wie spät es ist. Zu oft die Schlafplätze gewechselt, in Hostels, Wohnungen, Zelten. Zu oft an woanders gedacht. Versuche aus dem Lichtspiel etwas Bekanntes auszumachen, einen Gegenstand, die Größe des Zimmers, das Bett, in dem ich liege. Es dauert. Das neben mir, ist das ein Bild oder ein Gegenstand? Ich versuche den gestrigen Tag in der nächtlichen Dunkelheit zu erkennen, etwas Familiäres im Fremden. Fokussiere, fokussiere. Bin ich zuhause, bin ich unterwegs? Als wäre mir das räumliche Sehen abhanden gekommen, als hätte ich jegliches Ortsgefühl verloren. Nach und nach komme ich an, nicht in irgendeinem Doppelstockbett, keine Palmen vor dem Fenster, ich bin also doch in meinem Berliner Zimmer.

Auf meinen ersten Reisen durch Australien war ich ständig in Bewegung durch Landschaften, die sich außerhalb der Windschutzscheiben veränderten, auf immer neuen Wegen. In der Stadt laufe ich im Kreis. Start und Ankunft ist immer mein aktuelles Zuhause, dazwischen Coles, Brisbane Powerhouse, Indian Kitchen, Three Monkeys Café, Winn Lane, Archives Fine Books und die Kletterfelsen. Die Stadt bleibt am gleichen Fleck, während ich mich in ihr bewege. Ich versuche es ihr nachzuahmen, stillzustehen, mich niederzulassen. Und vergesse dabei, wie genau es weitergehen könnte.

Ein viertes Mal Aus- und wieder Einziehen mit einem großen Rucksack, einer kleine Tasche und einem grünen Essensbeutel: Käse und Butter in den Kühlschrank, Bücher neben das Bett, Klamotten aus dem unteren Rucksackfach in den Schrank, die Kleider auf einen Bügel, der Laptop auf den Schreibtisch, Postkarten von zuhause und von Brisbane an die Wand. Bereit, jedes Zimmer zu meinem Zimmer zu machen. Ein weiteres Queenslander Haus, das aussieht, als würde es dickbauchig mit einem Wellblechhut auf nackten Stelzenbeinen stehen. Diesmal wohne ich mit zwei Mädchen aus Tasmanien im Bauch des Hauses, sie bringen einen Schreibtisch und eine Matratze in mein Zimmer, laden mich ein, Reis und Gemüse mit ihnen zu essen und abends mit ihnen auf der Couch Wein zu trinken. Joe wohnt in der gleichen Straße. Ich hole mir einen Schreibtischstuhl vom OP-Shop in der Nähe des Gabba-Stadions. Mehr brauche ich nicht zum Schlafen, Schreiben, Leben.

An ruhigen Tagen sitzen wir – Emma, Anna und ich – auf den Treppenstufen vor unserem Haus im Schatten des großen Papierbaumes, dessen Rinde sich unermüdlich schält. Emma und Anna sind nach Brisbane zum Studieren gekommen, in Hobart aufgewachsen. Dort, wo Häuser mit festen Ziegelsteinen gebaut werden. Wo das Wetter an Deutschland erinnert.

Sie erzählen, dass sich der Winter zuhause nicht so kalt anfühle wie hier. Ich kann ihnen kaum glauben, es ist Herbst und noch sommerwarm. Queenslander Häuser scheinen in der Luft zu hängen. Darunter ist viel leerer Raum, wo wir Wäsche aufhängen, wo Platz für Fahrräder, Kisten, Krimskrams ist. Dinge, die sich in Deutschland in Kellern oder auf Dachböden finden, kommen hier unter das Haus. Im Sommer soll die Distanz zum Boden für Belüftung sorgen, davon merkt man allerdings wenig in der schwülen Queenslander Hitze, sie steht still und lässt sich nicht fort pusten. Im Winter ziehe die Kälte durch die Ritzen des Holzbodens, bitterkalt sei es im Winter, erzählen sie weiter.

Queenslander Häuser sind so flexibel und mobil wie ich mit meinem Rucksack und einem Zelt unter dem Arm – nur eine ganze Nummer größer. Auf der Ladefläche eines übergroßen Lastwagens kann man die Häuser quer durch das Land fahren. Dank der Stelzen stehen sie fast überall, auch auf steilen Hängen wie das Haus am Fluss. Zieht man um, packt man nicht nur den Inhalt des Zuhauses in Kisten und Container, sondern verlädt alles auf ein neues Grundstück: Schlafzimmer, Veranda, Küche, Badezimmer. Das Haus bleibt das selbe, der Ort ändert sich.

Während Emma zur Arbeit geht und Anna in die Uni, nutze ich mein Urlaubssemester, um zu schauen, wie es wäre, hier länger zu bleiben. Als Schreibende, Fotografierende und Freundin von Joe. Ich schreibe Tagebuch, Romananfänge, Reiseskizzen, lese ständig Bücher. Entwickle gleichzeitig mit meiner besten Freundin Jen, die in Dublin ihr Auslandssemester macht, ein Literaturmagazin, das wir zurück in Deutschland starten werden. Meine Canon AE-1 wird immer mehr zu einem Spaziergrund, Joe hängt sich seine Nikon F2 um, und so laufen wir oft los am Nachmittag, wenn das Licht ganz golden ist, um durch unsere Sucher noch mehr zu sehen. »Take the picture«, singen Angus and Julia Stone in Dauerschleife in diesem Jahr.

An lauteren Tagen haben Emma und Anna Freunde zu Besuch, dann stehen viele Rotweingläser in der Küche, sie sitzen im Wohnzimmer auf der Couch und reden. Sie reden viel. Ich bin dabei, höre zu, verstehe, dass eine Freundin von einer Affäre mit mehreren Männern träumt, die andere nicht weiß, was sie studieren oder werden möchte. Dann reden gefühlt alle durcheinander, wie es so ist, wenn viele Freundinnen nicht hinterher kommen, sich alles zu erzählen, zu beratschlagen, zuzuhören. Es wirkt wie ein Durcheinander, doch ist man mittendrin, kommt man mit, ist man im Schwung.

Ich verliere den Faden. Mir fehlen die Wörter. Ich lausche noch eine Weile dem Stimmenrausch, lache, wenn sie lachen, dann ziehe ich mich zurück. Sage irgendetwas, ich muss noch schreiben, jemanden anrufen, bis später. Ich gehe vor zu den Klippen, laufe an anderen Queenslander Häusern vorbei, deren Türen offen stehen als würden sie eine Einladung aussprechen. Leichtes Gemurmel kommt von den Veranden, Weingläser funkeln im Licht, durch die offenen Haustüren kann man bis ans andere Ende des erleuchteten Flurs schauen. Vom Ausblick oberhalb der Klippen, die ich sonst hochklettre, suche ich weitere Lichter wie Orientierungspunkte: die hellen Punkte der Fähren, die sich über den Fluss bewegen; die beleuchteten Büroräume, aus der sich die Skyline am anderen Ufer formt; die großen Scheinwerfer, die von unten die Büsche an der oberen Felskante anstrahlen; die Sterne am Himmel, die sich zum Southern Cross und anderen Sternbildern zusammen finden, die ich nicht kenne.

Könnte ich hier dazu gehören, möchte ich es denn? Jetzt auch auf einer Veranda sitzen und Wein trinken, im Wohnzimmer gute Gespräche führen, im Dunkeln Fähre fahren oder Klippen hochklettern. Stattdessen ist alles begrenzt, mein Vokabular, meine Zeit, mein Zuhause auf Probe. Bald werde ich wieder in einer anderen Zeitzone leben, mein Studium in Deutschland beenden, im Winter frieren.

Fühle mich wie ein Queenslander Haus, das weiterziehen muss.

Bald treffe ich Leute, die sich besser auskennen, wie man Australien zu einem richtigen Zuhause macht. Eine deutsche Frau erzählt mir von einem Partner-Visum, das sie mit ihrem australischen Freund beantrage. Man müsse nicht verheiratet sein, nur ein Jahr zusammenleben, ein gemeinsames Bankkonto haben, vielleicht müssten die Eltern Auskunft zur Beziehung geben. Auf dem West End Market lerne ich eine deutsche BWL-Studentin kennen, die an einem Stand jobbt. Sie möchte lang genug im Land bleiben, um die australische

Staatsbürgerschaft zu beantragen. Das Studium erlaubt ihr den mehrjährigen Aufenthalt, die Arbeit bezahlt ihr die teuren Studiengebühren. Ich möchte vorerst nur mein Touristenvisum verlängern. Das könnte ich gegen eine Gebühr vor Ort machen oder durch eine Ein- und Ausreise.

Ich fliege nach Neuseeland und verbringe ein paar trostlose Tage in Auckland. Manchmal funktioniert es einfach nicht, zwischen einer Stadt und einem selbst, der Körper hier, der Kopf woanders. Es regnet, ich laufe die Elizabeth Street auf und ab, fotografiere nichts, meine Schuhe werden nass und bleiben nass für die restlichen drei Tage.

In Brisbane kenne ich mich aus, weiß wohin, wenn es regnet, wenn die Sonne scheint, weiß wohin, wenn ich indisch essen, einen Flat White trinken, Livemusik hören möchte, weiß wohin, wenn ich den Ausblick über die Stadt brauche, ein neues Buch suche, neue Musik, weiß wohin, wenn Besuch kommt. Und trotzdem gibt es Viertel, in denen ich noch nicht war, Fährstopps, wo ich noch nicht ausgestiegen bin, Ausstellungen, die ich noch nicht gesehen habe. Ich habe meine eigene Stadtkarte vertrauter Orte und entlangspazierter Straßen im Kopf, gleichzeitig eine Liste unbekannter Ecken, um der Stadt nicht überdrüssig zu werden, sollte sie mich langweilen. Ich möchte stets aufs Neue von ihr erobert werden. Sie ist natürlich nicht die einzige; manchmal liebäugle ich mit Sydney wie mit einer fernen Liebe, die ich nicht gut kenne, dort gehört der Strand zum Alltag. Distanz tut gut, um Brisbane zu vermissen und zu merken, dass der auckländische Regen ein ganz anderer ist als der brisbanische, viel windiger und kälter, dass ich mich freue auf Brisbane, mein Zuhause. Weiter denke ich noch nicht.

Als ich zurückfliege, werde ich am Brisbane Airport heraus gewunken. Ich bin seit über einem Jahr in Australien, es wird Fragen geben.

»Kommen Sie bitte kurz mit. Was haben Sie in Neuseeland gemacht?«, fragt mich ein Beamter.

»Urlaub. Ich habe mir Auckland angeschaut«, antworte ich, obwohl wir beide wissen, dass ich mein Touristenvisum verlängert habe.

»Für fünf Tage?«

»Ja.«

»Was machen Sie in Australien?«

»Ich besuche meinen Freund.«

»Und wieso haben Sie nicht mit Ihrem Freund Urlaub gemacht?«

»Er hatte keine Zeit. Musste noch Sachen für sein Studium fertig machen.«

»Aber Sie sind in Australien, um ihn zu besuchen?«

»Genau.«

»Was machen Sie den ganzen Tag? Sie können ja nicht nur Ihren Freund besuchen.«

»Ich schreibe.«

»Was schreiben Sie?«

»Ein Buch.«

»Seit einem Jahr?«

»Ein Semester habe ich an der University of Queensland studiert.«

»Wie sieht ihr Tag aus?«

»Ich schreibe oder recherchiere den halben Tag, und den Rest des Tages gehen wir an die Lagune, in einen Buchladen oder in ein Café.«

»Wie finanzieren Sie sich?«

»Ich habe Geld gespart.«

Ich frage mich, ob er Zugriff auf mein Bankkonto hat.

»Welche Visa hatten Sie bisher?« fragt er und schaut auf seinen Bildschirm, wo es bestimmt eine Datei von mir gibt.

Ich überlege und versuche meine Stimme nicht zittern zu lassen, als ich ihm meine Visa aufzähle: Working-Holiday-Visum, Studentenvisum, Touristen-Visum.

»Länger als ein Jahr können Sie mit diesen Visa nicht im Land bleiben. Sie müssen sich entscheiden, wenn Sie hier bleiben möchten und sich für eine unbegrenzte Aufenthaltserlaubnis bewerben, das wissen Sie, ja?«

Ich nicke, atme tief durch und warte darauf, dass er mir sagt, ob ich diesmal ins Land darf. Mein Gepäck, mein Freund, mein Zuhause warten außerhalb dieses Flughafengebäudes.

»Noch einmal werden wir Sie nicht reinlassen.«

»Okay«, sage ich ruhig, zu ruhig, als würde er mir soeben nicht mein Traumland verweigern, und frage doch: »Und wenn ich zwischendurch wieder nach Deutschland fliege?«

»Sie müssen länger in Deutschland sein als in Australien.«

»Okay.«

»Spätestens nach diesen drei Monaten müssen Sie ausreisen, sonst kriegen Sie Ärger.«

»Okay.«

Ich bleibe stehen, bis er mir erlaubt, weiterzugehen.

»Einen schönen Aufenthalt«, wünscht er, als er sich schon umgedreht hat.

Erst als ich am Zoll vorbei durch die öffnenden Türscheiben nach draußen getreten bin, erst als ich das Flughafengebäude verlassen habe und im Auto sitze und auf dem Airport Drive Richtung Stadt fahre, erst als der Brisbane River neben der Straße auftaucht, bin ich mir sicher, dass mich heute niemand mehr zurückrufen wird. Ich darf noch drei Monate bleiben! Wieder einmal habe ich meinen Touristenstatus verlängert und darf nun weiter so tun, als hätte ich in Australien meinen Lebensmittelpunkt, ohne ihn offiziell zu machen. Darf weiter davon träumen, in Australien zu leben. Erst als wir über die Story Bridge nach Kangaroo Point fahren, nur noch ein paar Minuten von der Pearson Street entfernt, holt mich ein Satz des Grenzbeamten wieder ein: Ich müsse mich entscheiden, wenn ich bleiben möchte.

Im Deutschen gibt es keinen Plural von Zuhause. Es ist, als ob man nur ein Zuhause haben darf, einen Ort, an dem man sich geborgen fühlt, ein Heim, in dem man wohnt, eine Stadt, die man sich zu eigen macht, ein Land, in dem man lebt.

Auf dem Flohmarkt in Rocklea finde ich Gegenstände anderer Zuhause. Joe und ich schlendern von Stand zu Stand, unter großen Sonnenplanen liegen Teller, Vasen und Werkzeug, es gibt Schmuck, Spielzeug und alte Koffer. Nicht dabei sind alte Praktika-Kameras wie die meines Vaters, braune DDR-Schüsseln wie die in meinen Umzugskartons in Deutschland, ein Handrührgerät wie das meiner Omi. Solche Dinge würde ich nur auf deutschen Flohmärkten finden und wiedererkennen.

Bliebe ich hier, wäre ich ohne die Dinge, Orte und vor allem ohne meine Familie. Ich würde Geburtstage verpassen, Weihnachtstage, Wanderungen, das Warten auf erste Schneeflocken. Ich wäre ohne die aussortierte Bohrmaschine meines Vaters, ohne den Fellhocker mit Wäschefach im Inneren, der im Schlafzimmer meiner Eltern stand.

Ich müsste neu anfangen: Einen Hausstand auf dieser Seite der Welt zusammen suchen, Alltagsobjekte, die spätere Familienmitglieder auf Flohmärkten finden könnten. Ich könnte die Geografie meiner Familie ändern, einen neuen Zweig um die halbe Welt spannen. Meine Kinder wären erste Generation Australier, meine Enkelkinder zweite Generation. Irgendwann wäre es normal, dass Weihnachten am 25. Dezember gefeiert wird, dass im Winter Sommer ist, dass in den Bäumen Koalas statt Eichhörnchen sitzen. Bleibt man, wählt man ein neues Land wie einen zweiten Geburtsort, versucht noch einmal, die Welt zu verstehen.

Ein Tisch voller analoger Kameras. »In Deutschland müssten die Kameras einen Bruchteil davon kosten«, bemerkt Joe, der sich wieder nach Europa sehnt, nach analogen Kameras für 10 statt 100 Dollar. Der sich über die Thüringer Bratwurst mit Sauerkraut im Brötchen vom German Sausage Hut freut, und ich mich wundere, in welchen Teilen Deutschlands man das so isst.

Ohne Grund würde ich hier bleiben, ich flüchte nicht. Es ist nur ein Gefühl der Verbundenheit, das Gefühl, am richtigen Ort zu sein. Reicht das?

Eine Bücherkiste am Boden. Kinderbücher, die mir nichts sagen. Ich kippe die Bücher zu mir mit meinen darüber laufenden Zeige- und Mittelfinger, Cover für Cover, dann: *Blinky Bill* von Dorothy Wall.

»Schau, was ich gefunden habe!«, sage ich, schau, ich habe etwas von mir gefunden! Die Samstagvormittage meiner Kindheit, als ich vor dem Frühstück mit meinem Bruder die Zeichentrickserie *Blinky Bill* im Fernsehen anschaute. Der australische Busch mit seinen Koalas, Kängurus, Schnabeltieren und Dingos schien solch eine unglaubliche Welt zu sein. Ich kann mich nicht erinnern ob mir bewusst war, dass es solch ein Land tatsächlich gibt. Dass man hier leben könnte.

Von Joe lerne ich, dass *these* nah und *those* fern sind und ich die beiden meist verwechselt hatte, dass vor und zurück eine andere Reihenfolge im Englischen hat, *back and forth,* das gefällt mir, ein kleiner Schritt zurück zum Reflektieren wie das Tagebuchschreiben über gestern, um dann weiterzugehen. Ich lerne immer besser, auf Englisch zu reagieren, erklären, erzählen, streiten und zu denken, zu lieben, zu lesen. Englisch wird meine Alltagssprache, meine Beziehungssprache, nie meine Muttersprache.

Ich recherchiere. Es gibt Jobs, die in Australien gefragt sind und mit denen ich länger bleiben könnte, wäre ich eine Ärztin, Ingenieurin oder Köchin. Es gibt eine deutschsprachige Wochenzeitung und das Goethe Institut in Sydney, die unbezahlte Praktika vergeben. Ich frage mich, wie man Auslandskorrespondentin wird, müsste dafür erst in Deutschland Kontakte knüpfen. Ich kaufe mir ein Buch über Reisejournalismus und frage mich, wie lange es dauern würde, bis ich ortsunabhängig arbeiten könnte. Ich wünschte, ich hätte einen Studiengang gewählt, der sich mit einer anderen Fähigkeit beschäftigt, so dass die Sprache zweitrangig wäre.

Durch das Englisch vergesse ich Teile meiner Muttersprache. Wenn ich sonntags auf Deutsch mit meinen Eltern telefoniere, suche ich nach deutschen Übersetzungen von *four-wheel drive, gum tree, murky river, hustle and bustle, flat mate.* Die englische Sprache drückt die deutsche weg. Muss überlegen, wie ich *sure* und *fair enough* auf Deutsch sage. Ich werde mir meiner Muttersprache unsicher und bin der englischen Sprache nicht sicher genug. Sprache ist doch mein Studium, mein Schreiben, soll meinen Lebensunterhalt verdienen. Wenn ich eine Sprache verliere, die andere nie ganz gewinne, habe ich dann bald keine mehr?

Niemand meiner australischen Freunde fragt mich, wie meine langfristigen Pläne aussehen. Kate gibt Tanzstunden, bis sie wieder an einer richtigen Schule unterrichten kann. Joe kellnert, während er auf die Zusage seines Fotografiestudiums wartet. Anna möchte in einem Café arbeiten und ihr Jurastudium noch einmal überdenken. Sie leben, wie sie es im Moment für richtig halten, und ich lasse mich davon anstecken. Statt Visakonditionen zu recherchieren, schreibe ich weiter über Sprache und Orte, verbringe Zeit in Cafés und Buchläden, gehe klettern, halte Kleinigkeiten aus dem Alltag mit meiner Kamera fest, lese Bücher.

Sie fragen nur, ob ich wiederkomme.

Das Wetter in Brisbane ändert sich. Emma und Anna hatten Recht, im winterlichen August pfeift der Wind durch die Ritzen des Holzhauses, Kälte kommt durch die Wände und den Boden. Elf Grad sind es nachts, und ich ziehe meinen dicksten Pullover zum Schlafen an. Um mich aufzuwärmen, dusche ich lang und heiß. Das Bad ist der einzige warme Ort, selbst die Cafés und Läden, in denen im Sommer unermüdlich die Klimaanlagen arbeiten, sind unbeheizt. Ich versuche Maultaschen selbst zu machen, schaue mir das Fußball-Weltmeisterschafts-Spiel um Platz drei in einem Pub unter der Story Bridge an, höre deutsche Musik und halte in den Bottle Shops Ausschau nach deutschem Bier; einmal finde ich sogar Fürstenberg aus meiner Heimatstadt. Mir fehlt der richtige Jahreszeitenwechsel, wo alle drei Monate etwas Neues beginnt, die Blätter an den Bäumen im Frühling grün leuchten, über den Sommer verblassen, im Herbst Farbe bekommen und im Winter verschwinden.

Wie halten jene, die bleiben, die Ferne zur Heimat aus?

Kurz bevor die Jacarandabäume wieder lilafarben blühen, muss ich Brisbane verlassen. Es geht so schnell, dass ich am Flughafen stehe, meine kaputten Turnschuhe in einen Mülleimer werfe, um zwei Bücher mehr in meinen Rucksack zu packen, das Gepäck am Schalter abgebe, mein Handgepäck auf das Fließband lege und vor dem Metalldetektor stehe.

Noch bin ich hier. Auf australischem Boden.

Das Licht leuchtet grün.

Nach dem Körperscan kann ich nicht mehr zurück.

Der Beamte auf der anderen Seite nickt mir zu.

Hätte ich nur das Partnervisum besser recherchiert.

Er winkt mich in seine Richtung.

Der Flug ist gebucht, mein Visum läuft aus.

Ich habe meine Familie zu lange nicht mehr gesehen.

Ich trete hinüber.

Körper und Geist werden schnell schläfrig im Flugzeug, als würden sie sich ergeben, als könnte man nur in diesem dösigen Zustand die Kontrolle über den eigenen Standort abgeben, sich tragen lassen von A nach B, von Brisbane nach Kuala Lumpur, wo es schwül ist und ich traurig bin, dann weiter von Kuala Lumpur nach London, wo ich eine Nacht auf einer Sitzreihe in der Wartehalle schlafe, und von

London nach Frankfurt am Main, wo der Herbst beginnt und sich bereits die Blätter verfärben. In den darauffolgenden Tagen realisiere ich immer wieder die halbe Weltumrundung, wenn mich die Schläfrigkeit umhüllt, ganz plötzlich und dumpf wie es nur der Jetlag kann und ich bereits am Spätnachmittag müde bin und um 5 Uhr am Morgen erwache, wenn es noch dunkel in meinem WG-Zimmer in Tübingen ist, und ich kaum verstehe, wie ich so schnell von dort hierher gelangen konnte, wie so schnell auf den Winter Herbst und wieder Winter folgen kann.

Jahre später tippe ich bei Google Maps meine Brisbaner Adressen ein und suche nach den Fehlern im Bild. Es muss Hinweise geben, dass ich nicht mehr da bin. Dass sich etwas verändert hat.

Street View: Blauer Himmel, grüne Palmen, vertraute Straßenecken, die ich tagtäglich entlang lief. Wie schnell ich wieder da bin.

Auf dem Parkplatz des Somewhere-to-Stay-Hostels stehen wieder Campervans und weiße Autos. Ich schreibe eine E-Mail an die Besitzerin, und Nicole antwortet mir, dass es seit 1989 ein Backpacker-Hostel sei und seit 2003 in Familienbesitz. Eine Dame in ihren Siebzigern erzählte ihr einst, dass sie mit ihrer Mutter und ihrem Bruder in dem Queenslander Haus wohnte, in einer der vier Wohnungen. Nebenan, wo heute die Küche und das Zimmer 26 sind, kamen wohl einzelne Arbeiter in Wohngemeinschaften unter.

Nächste Adresse in Highgate Hill. Neben dem Briefkasten am Anfang der Treppenstufen stehen ein geblümter Sessel und eine Kiste, wahrscheinlich Sperrmüll, dahinter versteckt sich das Haus am Fluss immer noch zwischen Bäumen. Kate schickt mir einen Link zu einer Immobilienseite: die Zimmer renoviert, der urwaldähnliche Garten gezähmt, alles weiß gestrichen. In meinem Zimmer befindet sich noch der Einbauschrank.

In Wollongabba strecken sich die Palmen stolz neben dem Queenslander Haus und geben nichts von seinem Inneren preis. Ist es noch chaotisch, gibt es mehr Ratten? Der Brandfleck an meinem Unterarm verblasst nur langsam.

Das Haus in Kangaroo Point sieht schicker aus und teurer: 1920 gebaut, dreimal den Besitzer gewechselt: 1987 für 51 000 AUD, 2003 für 356 000 AUD und 2018 für 755 000 AUD. Vor der Treppe steht ein grüner Palmenstrauch, die Papierbirke ist verschwunden. Sitzen die neuen Besitzer abends auf der Veranda, die einst das Studien- und Gästezimmer von Emma und Anna war, mit einem Glas Wein, laufen manchmal vor zu den Klippen, schauen nach den Lichtern?

Ein Zuhause ist nicht nur ein Ort, in dem man sich bewegt und einen Alltag etabliert. Dieser Raum existiert in einer bestimmten Konstellation aus Zeit, anderen Menschen und der Person, die man damals war. Sobald ein Baum fehlt oder die Wandfarbe anders ist, verliert der Raum etwas. Das Vertraute, Intime, den Gedanken, dass dieser Ort einst mir gehörte und ich zu diesem Ort, weil ich mich in ihm bewegte.

Ich schreibe eine Liste mit australischen Orten in Berlin. Die Michael Reid Gallery und die Jarvis Dooney Galerie zeigen Kunst aus Australien, Cafés wie Tischendorf, Allans Breakfast Club & Wine Bar und Father Carpenter führen eine australische Frühstückskarte mit Eierspeisen und Sandwiches wie auf der Boundary Street in West End, im Kino Moviemento findet jährlich das Down-Under-Filmfestival statt, ein Spielplatz in Mariendorf heißt Ayers Rock. Die ehemalige Australische Botschaft der DDR befindet sich in Pankow, die aktuelle in der Wallstraße. Es bleibt bei der Liste, ich gehe kaum zu diesen Orten. Als hätte ich Angst, Australien dort nicht wiederzufinden. Ich besuche lediglich den Spielplatz für den *Spielplatzguide Berlin* und die Australische Botschaft in der Wallstraße, um meine Fotoausstellung *Australia is a Myth of her Mind* aufzuhängen.

Mir reichen die Konzerte. Tinpan Orange spielt in der Kantine am Berghain, Stu Larsen im Badehaus, Luluc im Privatclub, sie singen und transportieren mich schneller zurück als ich bei Google Maps die gelbe Figur auf die blau markierte Straße setzen könnte.

Was ist der schnellste Sehnsuchtswecker: eine Melodie, ein Geschmack, ein Geruch, ein Bild?

Es ist vor allem das unangekündigte Wecken, ganz so, wie eine Sternschnuppe am Himmel, ein Fels in der Wüste oder ein Schulkamerad in einem Restaurant in Thailand auftaucht; wenn Australien mir erscheint, weil der Kaffee beim Wochenmarkt am Hansaplatz wie im Café der University of Queensland riecht, weil der Kellner in einem der

Kreuzberger Bars australisches Englisch spricht, weil im Saint George's Bookshop Bücher von Tim Winton stehen, weil die Mango ausnahmsweise süß und saftig schmeckt wie in Queensland, ist das Land ganz plötzlich hier und meins, so vertraut.

Australien findet mich auch auf anderen Wegen, die Newsletter vom Frankie Magazin und der australischen Nachrichtenwebseite Crickey landen in meinem E-Mail-Posteingang, das Aluminium-Magazin der University of Queensland in meinem Briefkasten, all die Beiträge aus Sydney, Perth und Brisbane auf den sozialen Medien, die Folgen der Likes und Follows und Herzen, die ich im Laufe der Jahre geklickt habe.

Hat man einmal ein Land abonniert, ist es unkündbar.

Inventur II

Ich erinnere mich an Orte, an denen ich mich nach Australien las: von Tübingens Botanischem Garten in den australischen Norden des 19. Jahrhunderts mit *Remembering Babylon* von David Malouf; von meinem Augsburger Balkon an die Westküste Australiens mit Romy Ashs *Floundering;* von einem Sitzplatz im ICE zwischen Stuttgart und Berlin auf den Kontinent mit Cees Nootebooms *Reisen in Australien;* von meinem Berliner Balkon wieder an die Westküste mit Tim Wintons *Dirt Music* und von der Couch nach Brisbane mit David Malouf's *A First Place.*

36 australische Bücher wohnen bei mir. Einige brauchten drei Monate, um mit der australischen Post von Brisbane nach Deutschland zu gelangen. Andere nahm ich im Rucksack mit nach Deutschland. Helen Garners *Yellow Notebook* bestellte ich aus Großbritannien, und wundere mich, dass es für ihren bekanntesten Roman *Monkey Grip* noch keine deutsche Übersetzung gibt; ebenso wenig für Randolph Stows *The Merry-Go-Round in the Sea* oder Romy Ashs *Floundering.*

Starke Australiensehnsucht versuche ich in Deutschland weiter mit Büchern zu besänftigen. Ich erinnere mich an Hamishs Vorschlag, möchte mich nach Queensland mit Judith Wrights Autobiografie *Half a Lifetime* lesen, finde das Buch nur bei australischen Buchhandlungen: 30 Euro Versandkosten, einen Monat Lieferzeit. Ich könnte schneller mit einem Flugzeug dort sein als das Buch hier.

Junk
Mail

New Farm
MARTIN ST
Story Bridge

Wiederholen

Wanderglas

Das Glas Outbacksand wandert weiter durch die Wohnung. Schreibtisch. Schlafzimmerregal. Bücherregal im Wohnzimmer. Die meiste Zeit laufe ich an dem Glas vorbei. Manchmal halte ich es in das Licht, im Sommer in direktes Sonnenlicht, das vormittags durch das Küchenfenster auf den Esstisch und nachmittags durch die Balkontür auf die Couch scheint. Braunrot, rostrot, outbackrot, der schönste aller Rottöne. Die Farbe kommt vom rötlichen Eisenoxid, das entsteht, wenn der eisenhaltige Sand an die Luft gelangt. Das Outback ist voller rostigem Wüstensand.

Kurze Frage

Hätte auch Berlin mein Australien werden können?

Langfristig

Jede Sehnsucht beginnt harmlos, wie eine Suche nach etwas, das einen erfüllten könnte. Die Sucht steckt im Wort, hat man es gefunden, möchte man mehr. Diesen Zustand wiederholen, ankommen, bleiben. Am liebsten für immer.

Australien begann langsam, wiederholte sich, setzte sich über die Zeit in mir fest. Im englischen Wort *longing* befindet sich eine Länge, die ich als zeitliche Dauer oder als geografische Distanz zum Sehnsuchtsziel verstehe. So eine lange Zeit. So ein langer Weg. In beiden Sprachen steckt die Langfristigkeit. Das Ziel, nach dem man verlangt. Hat man einmal ein Sehnsuchtsland erkoren, kann man es nicht einfach aufgeben. Über zwölf, dreizehn, vierzehn Jahre – woher weiß ich, wann es begann oder aufhören wird? – sehnte ich mich nach Australien, zweieinhalb Jahre war ich vor Ort. Ich erinnere es länger als das Erinnerungenmachen dauerte.

Ortsgedächtnis

Kommt man zum dritten Mal an, weiß man plötzlich wieder, wie dieser Ort funktioniert. Welches Ticket ich für den Bus brauche. Dass die Sonne auch im Juli 2011 schon gegen 17 Uhr untergeht. Wie die silbernen Tasten in der Telefonzelle klingen. Dass gegenüber des Southern Cross der Orion am Himmel hängt. Wo im Supermarkt die Chocolate Scotch Fingers und die Avocados in Netzen liegen. Welche drei Currys bei Indian Kitchen schmecken, wie ich vom Strand in South Bank zu den Kletterklippen in Kangaroo Point komme, wo bei Archives Fine Books das Regal mit der australischen Literatur steht, wie Brisbane tickt, dieses große Dorf.

Australien war immer eine Unmöglichkeit. Das macht es Berlin so schwer. Berlin ist möglich. Es ist möglich, dass ich hierbleibe, ein Leben aufbaue, Kinder bekomme, erst eine Drei-Zimmer-Wohnung suche, dann eine Vier-Zimmer-Wohnung, irgendwann rausziehe und jedes Jahr den langen, grauen, schneelosen Winter und den kurzen, heißen, fröhlichen Sommer erlebe. Es ist möglich, dass ich teilweise in einem Buchladen arbeite und freiberuflich Texte schreibe. Es ist möglich, mit meinem Freund für immer hier zu bleiben, der nirgendwo anders sein möchte. Es ist möglich, acht Zugstunden entfernt von meinen Eltern zu wohnen und trotzdem ganz sicher Weihnachten miteinander zu verbringen und zwei, drei Besuche im Jahr zu machen. Die Ostsee ist nicht fern, Seen sind in der Nähe, der Sommer ist möglich. Berlin hatte nie die Chance, meine Sehnsucht zu werden, es ist immer da.

Brunswick Street

Seit ich bei meinen Eltern auszog, sammle ich Heimaträume wie Bücher, Ohrringe oder Flugtickets. Sieben Wohngemeinschaften und eine Einzimmerwohnung zur Untermiete. Vier davon in Brisbane. Nicht mitgezählt: die Mehrbettzimmer in Hostels. Bei meiner dritten Ankunft in Australien, fünf Jahre nach der ersten, ziehe ich in Joes Wohnung, die sich in einem Backsteingebäude in New Farm befindet. Mein fünftes Zuhause in Brisbane. Ich stelle mein Zelt in den Einbauschrank im Flur, meine Bücher auf die Kommode am Fenster, meinen Kulturbeutel auf den Badewannenrand, hänge meine Kleider in seinen Kleiderschrank.

Tagsüber schließen wir die Fenster vor der Hitze und abends das Fliegengitter vor den Mücken. Auf dem Balkon spielen wir Karten, trinken stubbies, Bier in kleinen Flaschen, und essen Tortillas mit Sweet Chili Sauce. Hinter einer großen Palme rauschen Autos die breite Brunswick Street entlang. Motorengeräusche schwappen vorbei wie Wellen und rollen leise aus Richtung New Farm Park, Brisbane Powerhouse, dem Fluss oder Richtung Fortitude Valley. Auf dem großen Parkplatz gegenüber stehen stets Pickups, vielleicht von einem der Farmer aus dem Umland oder einem der Arbeiter, die auf ihrem Weg zu den Minen sind, wo man schnell viel Geld verdienen kann. Wenn jemand den 24-Stunden-Laden Night Owl betritt, hallt das Piepsen der Tür über den Parkplatz zu uns auf den Balkon. Abends singen die Zikaden, gesehen habe ich sie noch nie.

Ich erkunde das Viertel nördlich des Flusses, nehme Parallelstraßen, um noch ein Café zu entdecken, noch ein

Fotomotiv zu finden. Trinke meinen Flat White im Café Bouquiniste, in dem Konzertposter hängen und Bücher vom australischen Künstler Shaun Tan im Regal stehen. Oder im Little Larder, wo zur Frühstückszeit alle Plätze besetzt sind. Ich fotografiere Kaffeetassen, Stühle, Bücher, die kleinen Dinge, mit denen ich Zeit verbringe. Vom Wilson Outlook finde ich meinen Ausblick, diesmal über die Story Bridge, den Brisbane River und das andere Ufer, wo Kangaroo Point mit seinen Kletterfelsen und meinem alten Zuhause liegt. Joe zieht es zu Re Del Gelato und dem italienischen Feinkostladen New Farm Deli, wo er auf italienisch seine Kugel Eis bestellt und Lebensmittel kauft, die ihn an die Toskana erinnern. Little Italy heißt New Farm auch, da sich in den 1960er-Jahren besonders viele italienische Einwanderinnen und Einwanderer in diesem Viertel niederließen. Es heißt, dass sie den Stil der Backsteingebäude nach Brisbane brachten. Zuhause waren sie Häuser aus Stein gewohnt, nicht diese Queenslander Holzhäuser, in die jedes Geräusch und jeder Luftzug eindringt.

Nachdem ich alle Haupt- und Parallelstraßen erkundet habe, schmiede ich Urlaubspläne und schaue, wie man von Brisbane ins Outback kommt.

Joe möchte lieber nach Vanuatu.

»Das Outback ist für mich ungefähr so spannend als würdest du in Deutschland Urlaub machen«, sagt er und versucht mich mit der Exotik einer Südpazifikinsel zu locken: weißer Strand, glasklares Wasser.

»Ich bin doch in Australien«, sage ich, »Wieso sollte ich woanders hin?«

Ich übe, Berlin so zu entdecken als wäre es Brisbane, als wäre es eine Stadt, in der ich nur auf Zeit bin. Probiere dafür unterschiedliche Muster aus, geradlinig, kurvig, kreisförmig.

Fahre dafür mit der U- oder S-Bahn in ein anderes Viertel, setze mich vor ein Café, bestelle Cappuccino und Croissant, hole ein Buch aus meiner Tasche, falls es nichts zu sehen gibt, und schaue doch zu, wie die Stadt allmählich erwacht, mehr Menschen auftauchen, die mehr Kaffees heraustragen. Es fühlt sich an, als würde ich mir etwas gönnen, einen anderen Ort, ein zweites Frühstück, Alleinzeit, ein Date mit der Stadt. Ums Eck liegt eine Buchhandlung, als ich eintrete, gesellt sich Australien dazu, im Regal stehen Bücher von Tim Winton und David Malouf.

Ein weiterer Versuch, Berlin zu verinnerlichen, beinhaltet Kurven, Abzweigungen und Umwege. Ich sage Ja zu Kaffeeverabredungen und Ausstellungsbesuchen am anderen Ende der Stadt, fahre in alle Richtungen mit dem Fahrrad bis ich die Straßen kenne, auf der Hofjägerallee nach Schöneberg, auf der Stresemannstraße nach Kreuzberg, auf der Bernauer Straße in den Prenzlauer Berg, bis ich keine Karte mehr brauche und auch schöne Fahrradstrecken gefunden habe, am Magnus-Hirschfeld-Ufer entlang oder über den Alfred-Lion-Steg. Mit den Wiederholungen und eigenen Wegen fühlt sich die Stadt nicht mehr ganz so groß an. Die Karten, die ich gemalt habe, als ich die ersten Male zu Freundinnen und Orten radelte, nehme ich bald nicht mehr mit.

Wenn Verabredungen oder Viertel nicht genügen, brauche ich ein Ziel. Für mich sind das Buchhandlungen, auch andere Orte wie Bäckereien, Parks oder Künstlerhäuser eignen sich dafür. Eine Freundin sucht stets Töpfereien auf, stöbert wie ich erst drinnen und zieht dann draußen ihre Kreise um diesen Ort herum, um noch mehr zu finden.

Die Stadt ist so groß, ich erkunde sie wie einzelne Puzzleteile. Wenn ich dann von einem Puzzleteil in ein anderes trete, bin ich erstaunt, dass Orte, die ich an unterschiedlichen Tagen auf unterschiedlichen Wegen besuchte, näher liegen als erwartet. Vielleicht kann ich mir Berlin so portionsweise zu eigen machen.

Der Stadt zu entkommen ist nicht einfach. Brisbane breitet sich aus wie eine müde Spinne, streckt das ganze Straßennetzwerk von sich und schmückt es mit Industriegebieten an Armen und Beinen aller Himmelsrichtungen. In einem kleinen weißen Auto mit voll gepacktem Kofferraum halten wir Stoßstange an Stoßstange eisern den Kurs Richtung Westen. Bald freie Fahrt in den Westen, über die Felder, über die Hügel. Wir folgen und rasen den Warrego Highway entlang und warten auf die kleinen Zeichen, ob wir uns auf dem richtigen Weg Richtung Outback befinden.

Manche Leute sagen, das Outback im Osten beginne hinter der Great Dividing Range. Die Bergkette zieht sich von Victoria bis in den Norden Queenslands, und wir überqueren sie diagonal bei Toowoomba in ungewohnten Kurven und klarer Bergluft. Die Wolken versammeln sich am Himmel und platzen kurz vor uns auseinander, voller Hagelkörner und Regenfluten. Eine Weite breitet sich vor uns aus, als wir uns die Bergkette hinunter schlängeln. Das satte Grün leuchtet lebendig und nass in der untergehenden Sonne. Das rote, trockene Outback muss noch weiter westlich liegen.

Und doch: etwas hat sich verändert. Wir fühlen uns kleiner und kleiner, und scheinen bereits nach 200 Kilometern das kleinste Auto auf der Straße zu sein. Lange Lastwagen mit zwei bis drei Anhängern fahren schwer und zielstrebig geradeaus und lassen sich nur mit angehaltenem Atem überholen, während uns etliche Allradfahrzeuge entgegenkommen. Alle sind sie wunderbar ausgerüstet: breite

Reifen für mögliche Überschwemmungen oder ungepflasterte Straßen, und mit einer doppelt so großen Stoßstange, der *roo bar,* über der tatsächlichen Stoßstange für mögliche Zusammenstöße mit Kängurus. Wir drehen die Musik lauter, lauschen der Stimme des australischen Sängers Harry James Angus und sprechen uns Mut zu. Empfängt das Outback auch kleine Zweiradfahrzeuge mit zwei 15-Liter-Wasserkanistern und einem grünen Zweimannzelt?

Die Wolken kriechen auf den Highway hinunter, als wir durch kleine Häuseransammlungen fahren. Einst waren sie wohl lebendige kleine Dörfer am Rande großer Kohleminen, nun wirken die meisten Häuser leer, die Tür des Supermarkts ist geschlossen, die Fenster sind dunkel. Kleider hängen auf einer Wäschespinne in einer Seitenstraße von Warra. 120 Einwohner soll es hier geben, in der Stille des Dorfes finden wir niemanden. Bevor wir es realisieren, haben wir Warra schon wieder verlassen.

300 Kilometer hinter Brisbane empfängt uns das Städtchen Chinchilla mit einem lauten »How are you doing today?«, das uns der Metzger entgegen wirft und Kürbis-Feta-Bratwürste verkauft. Er schwärmt von seiner Deutschlandreise vor Jahren, von dem Bier in Hamburg und den Weißwürsten in München. Die Sonne blinzelt uns an. Am Rande der Stadt stoßen wir auf die ersten Outbackspuren: ein Hauch von rotem Sand liegt auf einem weißen Allradfahrzeug. Es kann also nicht mehr weit sein. Und tatsächlich: nach Chinchilla wird das Land noch flacher und die Bäume verlieren ihr sattes, nasses Grün. Hellgrün und trocken versammeln sie sich am Straßenrand, das Thermometer zeigt 35 Grad an.

In Roma sind die Straßen doppelt so breit wie in Brisbane, und Autos parken nicht parallel zum Straßenrand sondern schräg. Unter dem Asphalt wölben sich die Wurzeln der Flaschenbäume. Häuser liegen einstöckig auf der Erde, denn hier denkt niemand daran, in die Höhe zu bauen. Die Erde bietet genug Platz hier draußen.

Kurz nach Roma werden die Farben neu gemischt, und durch gelbgoldene Weizenfelder ziehen sich die roten Striche der abzweigenden Straßen ins Nirgendwo. Durch die Windschutzscheibe der anderen Autos sehen wir, wie sich stets zwei Finger hinter dem Lenkrad zum Gruß heben. Es ist der doppelte Gruß: Sie sagen Hallo in der Einsamkeit der Weite, und sie sagen Hallo im Falle eines platten Reifens am Straßenrand. Wir sind nicht alleine.

Auch die Zeit wird breiter und langsamer, jede Minute hören wir ruhig im Fahrtwind pfeifen, und die nächste verliert sich im Stillstand. Aus dem Auto heraus, über den heißen Asphalt, hinein in den Pub des Historic Court House Hotels in Mitchell, bereits 560 Kilometer hinter Brisbane. Zwei kühle *XXXX Gold* bitte, das Bier des Outbacks. In Brisbane hat das Queenslander Bier nur einen billigen Ruf, und man vermeidet es, damit in der Stadt gesehen zu werden.

»Vor ein paar Jahren konnte mein Mann seinen Lebensunterhalt noch mit Jagen verdienen«, erzählt uns die Kellnerin in Mitchell. Das waren noch Zeiten! Dingos rissen ganze Hühnerställe und Schafe, und deswegen standen sie auf der Abschussliste. Für jedes Fell eines geschossenen Dingos bekam ihr Mann Geld von der Regierung und bis zu 500 australische Dollar von den Farmbesitzern. »Wildschweine und Kängurus hat er auch geschossen.« Das Wildschweinfleisch wird tatsächlich nach Deutschland exportiert, und das zarte Fleisch der Kängurus findet seinen Absatz in Russland. Das Outback ist also doch nicht so abgeschottet vom Rest der Welt, auch wenn sich die Prioritäten verändert haben: die Gas- und Kohleindustrie verspricht mittlerweile mehr Arbeit und Geld. Nur noch nebenher werden Dingos, Kängurus und Wildschweine geschossen.

Die Fahrt geht weiter. Nachts schlafen wir meist auf Zeltplätzen, doch hinter Mitchell finden wir eine Angelstelle, an der 48 Stunden kostenloses Zelten erlaubt ist. Auf der anderen Seite des Flusses grasen Kühe, und gefühlt alle australischen Vogelarten stimmen bei Sonnenuntergang in ein Orchester auf den Eukalyptusbaumbühnen ein. Neben unserem grünen Zelt sammeln wir Holz, zünden es in unserem kleinen Grill an und stellen in guter australischer Manier unseren Billy in die glühenden Kohlen. Der Billy ist ein kleiner Kochtopf, der einst zu Zeiten des australischen Goldrausches nur aus einer leeren Suppendose und einem Stück Draht bestand, um Teewasser am Wegrand zu kochen und eine Pause von der langen Reise durch das Land zu machen. Joe hat den Billy seines Großvaters mit auf unsere Reise gebracht, und so können auch wir unseren Tee als Abschluss eines Tages mit 300 zurückgelegten Kilometern und null Gramm Gold genießen. Ich stimme den australischen Buschsong Waltzing Matilda ein: »And he sang as he looked the old billy boiling, who'll come a-waltzing Matilda with me«. So herrlich schmeckt und klingt unser australischer Abend im Nirgendwo, mit schwarzem Tee und frisch gepflückten und gebrühten Eukalyptusblättern, dem Zirpen der Zikaden im Hintergrund und dem Southern Cross am Himmel über uns.

Auf anderen, weniger idyllischen, aber belebteren Zeltplätzen treffen wir etliche australische Rentner, die mit der Größe des Kontinents auch die Zeit vergessen haben. »Wir haben unser Haus an der Gold Coast verkauft«, erzählt mir Wendy, als wir uns in der Grillhütte treffen. Stolz schaut sie auf den großen weißen Campervan, ihr jetziges Zuhause. »Eigentlich wollten wir nur ein Jahr rumreisen. Aber du weißt schon. Eigentlich wollten wir auch nur zwei Monate in Roma bleiben und sind jetzt schon zwei Jahre hier. Hier hat es uns einfach gefallen.« Mit all ihren Ersparnissen erkunden sie ihr eigenes Land, reisen von Ort zu Ort, von Wüste zu Wüste. Ob sie wohl jemals wieder zurück an die Gold Coast gehen? »Oh ja, sicher. Um die Enkelkinder zu besuchen.« Nur wann genau, das ist noch nicht gewiss. Denn Australien bietet genug Platz für den Entdeckergeist und mit dem Ende des Arbeitslebens schwappt auch die wohlverdiente Reisezeit über Australiens Rentner, die sogenannten *grey nomads.*

Immer mehr und immer größere Lastwagen donnern uns auf der Straße entgegen. Kühe schauen durch die Gitterstäbe der Anhänger, gedrängt stehen sie nebeneinander. Je weiter wir fahren, desto staubiger und trockener wird die Landschaft. Von der Enge der Stadt keine Spur, schon gar nicht von den Klimaanlagen. Hier ist es einfach nur heiß. »Ein Hamsterrad, dieses Brisbane«, murmelt ein Mann, den wir in einem Pub antreffen. Der uns fragt, woher wir kommen. »Hier auf dem Land kann man einfach machen, was man will.« Wir nicken, leicht zustimmend, leicht beunruhigt. Filme wie *Wolf Creek* schwirren in unseren Köpfen rum. »Wenn ich fischen gehen will, gehe ich fischen. Wenn ich

Kängurus schießen will, gehe ich Kängurus schießen.« Einfach, unkompliziert. Er macht, was er mag. Ich wende mich wieder meinem Pie zu. Wir wollen weiterfahren, also fahren wir weiter. 600 Kilometer von Brisbane entfernt macht sich die Entfernung zur Großstadt bemerkbar.

Das Bahngleis, das sich mal rechts, mal links am Highway entlang schlängelt, bleibt leer. Der Westlander Zug, der zweimal wöchentlich in Brisbane startet, taucht auch an seinem Ziel Charleville nicht auf. Als wir in die Stadt hineinfahren, lesen wir auf dem Ortseingangsschild *Gateway to the Outback*. Die breiten Straßen sind wie leergefegt, das Museum schließt bereits zur Mittagszeit. Doch diesmal wurde die Kleinstadt nicht vom Rest der Welt vergessen. Wir stolpern hinein in ein Ereignis, das wir nur hier, 800 Kilometer entfernt von Brisbane, finden können. Ein glamouröser Puder legt sich über den roten Outbackstaub, als ganz Charleville in Anzügen, hohen Schuhen und eleganten Kleidern zur Pferderennbahn strömt. Um 12 Uhr wird der Charleville Cup offiziell eröffnet, und die Outback-Show beginnt. Die Männer mit XXXX-Bierdosen in der Hand, nur die halbstarken Biere mit 3,5 Prozent Alkohol werden verkauft, und die Frauen mit zauberhaften Hüten auf dem Kopf finden sich vor den Wetttischen zusammen. Die Jugendlichen sitzen auf der Tribüne, herausgeputzt wie für den Abschlussball der Schule. Auf dem Bildschirm läuft der Melbourne Cup, wie in ganz Australien. Doch hier in Charleville findet das Pferderennen nicht nur auf dem Bildschirm statt: Im Hintergrund bereiten sich die Jockeys und die Pferde vor. Wetteinsätze für den Melbourne Cup und den lokalen Charleville Cup werden entgegengenommen, und motiviert von den

Wettlaunen, der Sonne und dem Bier setzten wir fünf Dollar auf Pferd Nummer vier. Aus drei Wettmöglichkeiten kann man auswählen: »Win« für den ersten Platz, »Show« für die ersten zwei Plätze und »Place« für die ersten drei Plätze. Je größer die Auswahl ist, desto kleiner ist natürlich auch der mögliche Gewinn. Die Pferde fliegen den Halbbogen der Pferderennbahn entlang, und kommen mit einer roten Sandwolke unter den Hufen näher. Die Jockeys, Männer und Frauen, sind federleicht und schmal, sie klammern sich wie Grashüpfer am Sattelgurt fest und ziehen sich und das Pferd im Galopp immer weiter nach vorne und vorne und – über die Zielgerade, wo der Spiegelstreifen reflektiert und den Gewinner ermittelt, wo fünf verschwommene Pferde vor unserer Nase vorbeirauschen, wo die Zuschauer jubeln oder aufseufzen und auf ihre Wettkarten gucken.

Nummer vier ist zweiter, wir haben unsere ersten acht Dollar gewonnen! Nach sechs Rennen und viel Geldwechsel werden hohe Schuhe gegen Flipflops und flache Sandalen getauscht. Gelbe Dosen bedecken den Boden. Eine Band spielt Countrymusik und nach und nach tanzen immer mehr Leute. Wir sehen kaum andere Touristen, und es fühlt sich so an, als wären wir im Wohnzimmer eines großen Dorfes gelandet, in dem jeder jeden kennt und mit jedem redet. Die Großstadt, in der wir nicht einmal einen Bruchteil der anderen Leute kennen, scheint Welten entfernt zu sein. Willkommen in der freundlichen Atmosphäre des Dorffestes wippen auch wir ein wenig die Füße zu den Takten der Countrymusik und gewöhnen uns allmählich an den Geschmack des halbstarken Bieres. Wir sind tatsächlich im Outback angekommen.

Am nächsten Tag entscheiden wir uns für weitere 209 Kilometer westwärts. Wenn Charleville das Tor zum Outback ist, möchten wir da durch und in das Outback hinein. Kilometer für Kilometer fahren wir geradeaus auf dem Opal Way Richtung Quilpie, und in den Wellen der Straße flimmert die Hitze wie Wasserpfützen. Rechts und links leuchtend rote Erde und hellgrüne Bäume. Ein verlassenes Auto liegt verkehrt herum am Straßenrand, daneben Bierflaschen. Tote Kängurus auf der Straße, um die wir Slalom fahren müssen. Emus stolzieren mit ihren langen Beinen am Straßenrand entlang. Hier finden wir wirklich die Farben des Outbacks, wie sie in australischen Bildbänden leuchten. In dem Outbackdorf Quilpie steht die tägliche Ruhe und die Hitze. Nur im Pub fließt das Bier und das Gespräch wie immer, und wir flüchten uns in seinen Schatten.

In Quilpie endet die Zugstrecke von Brisbane. Der Passagierzug hält bereits in Charleville, nur Viehwaggons mit bis zu 5000 Rindern pro Woche fahren in Quilpie los und über Mitchell und Roma bis nach Brisbane. Aber nur nachts, erzählt man uns im Pub, wenn die Hitze die Gleise nicht verforme. Deswegen kam uns also tagsüber nie ein Zug entgegen.

Mit dem letzten Bahnhof begeben wir uns auch in den Rhythmus der Hitze und stehen still. Knapp 1000 Kilometer westlich von Brisbane weht die Outbackbrise. Nur noch vereinzelt rauschen Allradfahrzeuge vorbei, die Ladenfenster schimmern in den Farben des Boulder Opals. Wir legen uns an den karamellfarbenen See am Anfang der Stadt, ich lese Janette Turner Hospitals Roman *Oyster*, deren Geschichte am Ende der Gleise in der fiktiven Opalstadt Outer Maroo beginnt, wo die Menschen nach Opalen graben und sich nicht mehr an den Regen erinnern können. Der Himmel ist immer noch blau, wie er auch in Brisbane sein könnte, doch die Farben der Landschaft und das Gefühl von Platz haben sich drastisch verändert. Hier wirkt tatsächlich alles weiter, die Wolken höher, die Zeit langsamer und die Menschen entfernter.

Auf dem Rückweg nach Brisbane setzen wir die kleinen Zeichen. Wir lassen die roten Sandkörner auf dem Nummernschild kleben und heben zwei Finger zum Gruß, wenn uns ein Auto entgegen kommt. Langsam werden die Straßen schmaler, wir kommen mit dem Grüßen nicht mehr hinterher, das Outback wirbelt langsam davon im Rückspiegel.

Wenn ich mitten im Wald plötzlich zum Stehen komme, weil mein Vorderrad quer im Sand stecken bleibt, wenn dann alles ruhig ist, der Freilauf nicht mehr surrt, der Gepäckträger nicht mehr klappert, nur die Kiefern über mir wie zu groß gewordene Grashalme im Zeitlupentempo schwanken und ich wieder leicht und leise atme, wenn ich niemanden sonst sehe oder höre, mir mulmig und freudig zugleich ist, weiß ich, dass ich gefunden habe, was ich suche: die Abgeschiedenheit. Dafür übe ich Brandenburg so zu entdecken als wäre es das Outback.

Ich fahre immer wieder raus, nicht mit dem Auto, ich schiebe mein Fahrrad in Berlin in einen Zug und steige nach etwa einer Stunde wieder aus, radle los von einem der kleinen Bahnhöfe, die oft nicht mehr als zwei Gleise, ein Fahrkahrtenautomat und eine Bahnhofsuhr sind.

Eine Stunde Zugfahren macht einen großen Unterschied zwischen Berlin Hauptbahnhof und einem Brandenburger Bahnhof, es ist gleich viel ruhiger, grüner, sandiger, hinter den Gleisen beginnt direkt das Kopfsteinpflaster, manchmal auch ein See oder ein Fernradweg.

Ich suche dieses Gefühl, wenn man sich ganz klein in der Landschaft fühlt und gleichzeitig ganz groß in sich selbst, nur ausgefüllt mit den eigenen Bewegungen und Gedanken und niemandem sonst.

Unter der Woche ist kaum jemand unterwegs auf den Waldwegen und in den Dörfern, das hatte ich gehofft und doch unterschätzt, hatte nur ein belegtes Brötchen, einen

Müsliriegel und eine Ein-Liter-Wasserflasche eingepackt. Es ist ein heißer Sommertag, nach einer Stunde habe ich meinen halben Vorrat aufgebraucht. Ich rolle auf holprigen Kopfsteinpflasterstraßen in ein Dorf hinein, suche etwas zu essen. Es dauert fünf Minuten, bis ich jemanden finde, den ich fragen kann.

»Den Bäcker haben Sie verpasst, der kam um elf«, sagt der Mann, »15 Minuten von hier ist ein Supermarkt.«

»Mit dem Fahrrad?«

»Mit dem Auto.«

Ich biege in einen Waldpfad ein.

In Australien behauptete ich stets, in Deutschland gäbe es diese Abgeschiedenheit nicht, die mir am Outback gefällt, man könne nicht stundenlang allein unterwegs sein und nur einer Zivilisationsspur, der Straße, folgen.

Mit beiden Füßen und einem Reifen im Sand merke ich, dass ich damit falsch lag. Vor und hinter mir die Schneise des Waldpfades, drumherum nur Bäume. Mit dem Fahrrad oder zu Fuß könnte ich hier lange allein sein. Mit dem Auto ist es schwieriger, auf den Landstraßen ständig Orte, auf den Autobahnen ständig Autos. Doch dazwischen, wo nur Forstbetrieb erlaubt ist, gibt es die Abgeschiedenheit und solch eine Ruhe, dass ich kurz überlege, ob ich meinem Freund Bescheid gesagt habe, wo ich heute unterwegs bin. Ich könnte hier verloren gehen. Handyempfang hatte ich schon am Bahnhof keinen mehr.

Ich stelle den Lenker gerade, trete in die Pedale und versuche, die tiefen Sandstellen zu umfahren. Erst später lerne ich, dass man schnell durch Sand fahren muss, um nicht stecken zu bleiben.

Die andere Hälfte des Brötchens verzehre ich am Ende des Waldes, den letzten Schluck aus meiner Flasche trinke ich im nächsten Dorf und frage mich, wo all die Menschen dieser Häuser sind. Den Supermarkt gibt es nicht mehr, die Pension mit Restaurant hat montags geschlossen, der Gärtner eines kleinen Schlosses hat keinen Zugang zum Trinkwasser im Gebäude. Es ist unfassbar heiß, trockene Hitze, die mich zum Schwitzen bringt, aber keinen Schwindel auslöst. Durch die Bäume funkelt die Oberfläche des Hellsees.

Ein Fahrradfahrer kommt hinter mir den Hügel hoch, ich winke ihm zu.

»Wissen Sie, wo ich hier Wasser finden kann?«

Die Frage fühlt sich seltsam an mitten in Deutschland.

»Es gibt einen Kiosk am Liepnitzsee.«

»Und in der anderen Richtung?« Langsam bin ich doch zu erschöpft, um weiter weg vom Bahnhof zu fahren.

Er überlegt, schüttelt den Kopf. »Ich wohne da oben, zwei Minuten von hier, Sie können Ihre Flasche bei mir auffüllen.«

Mit einer vollen Trinkflasche und zwei kleineren, die er mir noch mitgegeben hat, fahre ich zurück durch das Dorf, vorbei an der Pension, dem Supermarkt, dem Schloss, über Wurzeln und Sand durch den Buchenwald, wo ich eine kleine Badestelle finde. Ich lehne das Fahrrad an einen Baumstamm und wate in das Wasser, zwei ältere Frauen sitzen in einem Paddelboot und winken mir zu, ich winke zurück und schwimme los, schaue auf meine Hände, wie sie das Wasser beiseite schieben, meinen Ring, der fast die Farbe des Sees hat, und als ich wieder hochschaue, ist das Boot hinter einer Biegung verschwunden und ich scheine wieder die Einzige weit und breit zu sein.

Fernblick

Seitdem ich im Outback Distanzen erfahren habe, die über den Horizont hinaus reichen, suche ich das weite Land überall. Ich finde es mit dem Blick in die Ferne in einer kleinen Hütte in der südafrikanischen Halbwüste Little Karoo. Schaue aus dem Bus Richtung Chilecito auf die argentinische Ebene und die vorgelagerten Gebirge der Anden. In Georgien aus 1500 Jahre alten Höhlen über die Wüste von Aserbaidschan. In Andalusien durch die Windschutzscheibe unseres Mietautos auf die Desierto de Tabernas. Ich suche diese Orte, von denen ich in aller Ruhe die weite Welt bestaunen kann. Dieser Fernblick ist ähnlich der Tagträumereien: Die nahe Wirklichkeit verschwimmt, die Gedanken beginnen zu flimmern, und dort, fern am Horizont, beginnen die Vorstellungen eines Landes, einer Zukunft, dort entstehen weitere Pläne.

Als wir aus dem Outback zurückkommen, hat Joe neue Träume: »Ich möchte wie mein Großvater mit einem Motorrad und einem Zelt durch das Hinterland fahren«, sagt er, während wir wieder einmal auf dem Balkon sitzen, die Autos draußen rauschen, die Tür des Night Owl piepst. Er erzählt mir, wie seine Mutter als kleines Kind nach Australien kam und mit ihrer Familie die ersten Jahre in einem Wohnwagen durch das Land zog. Als sie sich niederließen, fuhr sein Großvater immer wieder durch das Hinterland. »He went bush«, sagt Joe.

Wir haben so lange vom Kontinent des jeweils anderen geschwärmt, bis wir plötzlich Positionen tauschen. Mir kommt der Gedanke, dass ich hier immer den ähnlichen Akzent höre, den ich mal besser, mal schlechter verstehe, die ähnlichen Burger mit einer Rote-Beete-Scheibe esse, die gleichen Waren in den Supermärkten sehe. Noch finde ich es spannend, doch wie viele Wiederholungen braucht es, bis ich nach einem Flug oder einer Fahrt wieder in einer neuen Welt ankommen möchte, wo Sprache, Essen und Kultur neu sind? So schnell ist man von Deutschland in Italien, Frankreich, Tschechien. Wie lange kann ich so weit weg von meiner Familie und meinen Freunden sein? Ich bewerbe mich für ein Redaktionsvolontariat in Deutschland, Joe bekommt die Zusage für sein Fotostudium in Australien.

Joe und ich entfernen uns in unterschiedliche Richtungen, zurück dorthin, von wo wir sehnten.

Verabredung

Eine Bekannte hat gefragt, ob ich ihr von Australien erzählen wolle. Sie hat ihr Flugticket gebucht und möchte mich auf ein Glas Wein treffen. Es ist halb acht und schon dunkel, als ich die Lichter an mein Fahrrad stecke und Richtung Berlin Mitte radle. Ich habe mich nicht vorbereitet, vertraue darauf, dass Australien kommt, wie immer, wenn es angestupst wird. Vielleicht habe ich mich absichtlich nicht vorbereitet. Es ist schon eine Weile her, dass ich Australien verfallen bin. Ich versuche, immer weniger an mein Sehnsuchtsland zu denken.

Berlin ist dunkler als jede Großstadt, die ich kenne. Ich brauche mein Fahrradlicht nicht nur, um gesehen zu werden, sondern auch, um die Bordsteinkanten, gelbe Herbstblätter und Pflastersteinrillen zu erkennen. Ich trage Handschuhe und Mütze. Die Kälte kam schnell nach dem monatelangen heißen Sommer mit fast täglichen 30 Grad. Vielleicht habe ich deswegen Australien in diesem Sommer kaum vermisst. Unsere Wohnung hat einen Balkon, einen See um die Ecke und die Bäume warfen angenehme Schatten in der Stadt. Der Sommer war fast wie in Australien, mit langen, jackenlosen Abenden.

Blaulicht vor mir. Ich umfahre das erste Polizeiauto, dann das zweite. Das dritte steht neben einer Ansammlung von Leuten, wieder einmal eine Demonstration.

»Geht hier nicht weiter«, sagt ein Polizist, schwer bewaffnet versperrt er mir mit zwei Kollegen den Weg zur Spree.

»Wie komme ich denn dann weiter?«, frage ich. Auch nach drei Jahren in der Hauptstadt muss ich mir manche Strecken vorab noch auf einer Karte anschauen. Ich frage mich, wann ich mich hier so gut auskennen werde, dass ich keine Karte mehr brauche.

Die Polizisten bewegen sich keinen Schritt, ich traue mich nicht näher.

»Ich verstehe Sie nicht«, erwidert der eine nur.

Ich drehe um, fahre langsam los und schaue nicht auf die Karte auf meinem Handy, versuche sie langsam in meinem Kopf auszubreiten. Vielleicht komme ich über die Invalidenstraße zur Bar. Viel zu spät bin ich nun dran. Und wütend. Wieso ist die ganze Stadt immer versperrt? Warum liefert niemand Erklärungen? Ich gebe Berlin gerne die Schuld. An der fehlenden Freundlichkeit, den rücksichtslosen Autofahrern, den smartphoneguckenden Fußgängern. Am anstehenden monatelangen, grauen Winter. Vor mir schimpft ein Radfahrer auf einen Bus, der im Weg steht.

Australien habe ich nie für schuldig erklärt. Für Australien habe ich immer einen gutmütigen, rosaroten Blick übrig, wie für etwas, das ich beschützen möchte.

Was kann ich ihr empfehlen? Sie wird nach Brisbane fliegen, in meine australische Wahlheimatstadt. Meine Gedanken weigern sich, angestupst zu werden. Ich versuche es und verpasse dabei die Abzweigung in die Luisenstraße. Schon zehn Minuten zu spät. Ich umkreise Brisbane in Gedanken wie ein Hubschrauber, voll mit Erinnerungen beladen, unmöglich, einen geeigneten Landeplatz zu finden. Mit meinem Fahrrad fahre ich über die nächste Ampelkreuzung und auf der Gegenseite zurück, dann schnell eine Straße hinunter, die ich zuvor noch nie entlang gefahren bin – hier ist also die Charité, die Botschaft der Republik der Philippinen – und bin sofort milder gestimmt, erfreut, wie viel ich in Berlin noch in einzelnen Straßen entdecken kann.

In Brisbane ist es unüblich, abends zu einer Bar mit dem Fahrrad zu fahren. Einen Samstagabend fuhr ich mit dem Fahrrad von New Farm durch den Central Business District. Eigentlich ganz schön: Es waren wenig Autos unterwegs, ich rollte fast allein die breiten Innenstadtstraßen entlang, Fahrradwege gibt es nicht. Die Großstadtlichter erleuchteten die Gebäude und Straßen, ich trug nur ein Kleid in der abgekühlten Abendluft.

Eine Gruppe Männer stand vor einer Bar, sie riefen mir etwas hinterher, das wie »Kein Taxi erwischt?« klang, und ich fuhr umso schneller weiter, die Ann Street entlang und auf der Victoria Bridge über den Brisbane River bis nach West End – und da fällt mir ein, dass ich ihr unbedingt von Archives Fine Books in der Innenstadt erzählen muss, von den Stadtfähren auf dem Fluss und der Livemusik auf dem West End Market.

Ich biege in die ruhige Marienstraße ein, parkende Autos und drei- oder vierstöckige Altbauten auf beiden Seiten. Vor den hüfthohen Fahrradständern am Ende der Straße bremse ich. Alle belegt. Berlin, die Fahrradstadt, denke ich, und dass ich wahrscheinlich doch ganz gut hierher passe.

Das Poster über meinem Schreibtisch ist vergilbt. Es hing in Kangaroo Point in Brisbane an den weißgestrichenen Holzwänden meines Zimmers, in Tübingen während meines Studiums über meinem Bett, und in Augsburg über meinem Lesesessel, als ich mein Volontariat machte.

Es zeigt das Bild *The Three Gums*, gemalt von Hans Heysen zwischen 1915 und 1920. Zwei Kühe und ein Hirte befinden sich zwischen drei großen Eukalyptusbäumen, der Mann zieht an seiner Pfeife, es sieht aus, als würde er an einem heißen Tag im Schatten der Bäume seine Mittagspause halten, bevor er weiterarbeiten wird.

Ich mag die weiße Rinde der Eukalyptusbäume, die Trägheit des Hirten, die Weite. Eukalyptusbäume waren das Hauptmotiv des deutschstämmigen, australischen Künstlers. 1884, als Hans Heysen sechs Jahre alt war, wanderte seine Familie von Hamburg nach Südaustralien aus. Er studierte in Adelaide und Paris, lebte später im deutschen Dorf Hahndorf nahe Adelaide, ist einer der großen Landschaftsmaler von Australien.

Es liegt mittlerweile ein sanfter Gelbton über der Szene, das Posterpapier ist über die Jahre von der Sonne nachgedunkelt. Das Bild hat sich dadurch verändert: Ich sehe den Schäfer nun in der späten, sanften Nachmittagssonne sitzen, wie er über die Hügel schaut, sich an den mächtigen Eukalyptusbaumstamm lehnt, bald sein Lager aufschlagen oder nach Hause zu seiner Farm gehen wird. Ich sehe ihn am Ende eines langen, heißen Tages und nicht mehr mittendrin.

AVOCADOS
$3 / BAG
AVOCADOS
FRESH
NAVELS

NINE MILE
STATION
PLEASE OPEN
THEN CLOSE
GATE

Zurückkehren

Australien hat eine Wüstenfläche von fünf Millionen Quadratkilometern, in meinem Glas befinden sich etwa 500 Gramm davon. Ein Bruchteil nur, doch in unserer Wohnung ist es der einzige Outbacksand. Das Glas steht wieder auf meinem Schreibtisch, ich schaue hinein wie in ein Goldfischglas, nichts passiert, ich schaue hinein wie aus einem Flugzeugfenster hinaus, ich höre keinen Wind, spüre keine Hitze, rieche keinen Eukalyptus, schmecke keinen Sand, muss mir dieses Stillleben mit Erinnerungen zum Leben wecken.

Immer, wenn ich zurück nach Deutschland komme, habe ich den Vorsatz, hier so zu sein wie ich dort war: genauso neugierig, ausflugsplanend, entdeckungswütig, kontaktfreudig, vor allem aber suchend. Nicht aufhören, zu suchen und zu finden, nicht aufhören, Neues zu entdecken. Diese Einstellung mitnehmen.

Immer, wenn ich zu lange hier bin, vergesse ich es. Wundere mich, wenn mir die Decke auf den Kopf fällt, weil ich zwischen den vier Wänden pausenlos Geschichten - Bücher, Filme, Artikel - konsumiere und kreiere.

Dann schmiede ich Pläne für neue Geschichten. Beim Losgehen fühle ich mich am lebendigsten.

Schreibe Packlisten: Schlafsack, Hängematte, Softshell-Jacke, Flipflops, Fahrradpumpe, Flickzeug, Gürteltasche, Ladekabel, zwei Blätter Papier, ein Kugelschreiber, die Kamera und noch eine Filmrolle. Suche das dünnste Buch in meinem Regal, denn ganz ohne geht es nicht, ein rotes Reclam-Buch mit australischen Kurzgeschichten.

Ende Juni radle ich in Berlin los, folge dem kleinen quadratischen Fernradweg-Schild mit dem Kreis darauf, der so gedankenlos gezeichnet wirkt. Als hätte jemand beim Telefonieren Kreise gemalt, um die abschweifenden Gedanken abzulenken und zuhören zu können. Sonst könnte man auf Ideen kommen. Züge buchen, das Auto beladen. »Alle Orte« bei der Flugsuche eingeben und sie nach Entfernung, Preis oder Länge sortieren. Schauen, wann die Sonne auf der anderen Seite der Welt untergeht. Wie warm es am Äquator ist.

Am einfachsten und spontansten ist der Startpunkt Haustür. Immer dem gedankenlosen Kreis hinterher, dem Berlin-Kopenhagen-Radweg, der Havel entlang gen Norden. Ich halte kaum an, lasse alles vorbeirauschen, die Vasensammlung im Fenster, den Sandstrand Bürgerablage an der Havel, den kleinen Hafen mit den bunten Booten, die entgegenkommenden Fahrradfahrerinnen. Denke ein bisschen darüber nach, während ich in die Pedale trete – kommen sie von Kopenhagen? Von der Ostsee? Wo sind sie heute morgen losgeradelt? – und lasse die Gedanken ins Leere schwingen. Radle einfach weiter. Am Wochenende waren es 38 Grad, heute sollen es nur 28 Grad werden.

Notiere mir nichts für Später, auch wenn der Drang groß ist. Die Angst, den Erinnerungen nicht zu trauen, und dann – alles nochmal fahren, um zu bemerken, zu notieren? Traue dem Gedächtnisfilter.

Eine SMS von meinem Freund schafft es durch die Brandenburger Funklöcher: »Vielleicht riechst du es schon, an der Grenze zu Mecklenburg-Vorpommern gibt es einen sehr großen Waldbrand. Für Nordbrandenburg gibt es eine Gefahrenmeldung, man soll Fenster und Türen geschlossen halten.«

Die Karte auf meinem Handy lädt sehr langsam. Wo bin ich überhaupt? Die Nachrichten präzisieren: Menschen in Potsdam, Brandenburg an der Havel und den Landkreisen Barnim, Havelland, Oberhavel, Ostprignitz-Ruppin, Potsdam-Mittelmark und Prignitz sollen in ihren Häusern bleiben. Ich bin 10 Kilometer vor Oranienburg, das ist die Oberhavel.

»Hallo« sage ich zu den anderen Fahrradfahrenden, zur Kassiererin im Rewe, zu den beiden älteren Frauen am Oranienburger See zur Mittagszeit. Sonst sage ich gar nichts bis zum späten Nachmittag, aber bin beruhigt, dass sich auch andere Menschen draußen aufhalten, dass es immer noch nicht nach Rauch riecht.

Hinter Oranienburg fließt die Havel gerade bis zum Horizont, rechts davon der Wald. Wurzeln unter dem Asphalt lösen immer wieder meine Fahrradklingel aus, wenn die Räder nur surren, kann ich auch etwas im Gebüsch rascheln hören. Wildschweine, Wölfe, Waschbären? Es werden wohl nur Vögel sein. Rehe stehen wie erstarrt auf weitem Feld und bewegen sich beim nächsten Klingeln mit einem lautlosen Satz davon.

Als ich schnurgerade durch den Wald fahre, erlebe ich ähnliches wie auf den Straßen durch das Outback, es ist der Rausch der geraden Straße. Ich komme voran, egal, ob ich in die Pedale trete oder auf das Gaspedal, und nur, weil ich mich entschieden habe, loszufahren, und danach: keine Abzweigungen, keine Entscheidungen, immer nur vorwärts. Es ist nicht kompliziert. Vor allem Brandenburg, das sich so anders als der hügelige Schwarzwald anfühlt, wo ich aufgewachsen bin, so wild und flach und selbst mit einem Fahrrad, bei dem nur ein Gang funktioniert, einfach zu befahren.

Ich bin nicht ganz allein, schaue nach anderen Radelnden mit Packtaschen, einen davon treffe ich immer wieder, er ist auf dem Weg an die Ostsee und bastelt Fernradwege zusammen: vom Radweg Berlin-Kopenhagen über den Uckermärkischen und Berlin-Usedom hoch zur Ostsee. Zu zweit radeln wir zum nächsten Zeltplatz, wo wir zwei weitere treffen, und plötzlich zu viert um einen Grill sitzen und über Sibirien und Australien, Nachtzüge und Heimatorte, Ost und West sprechen. Irgendwo in Brandenburg, 95 Fahrradkilometer nördlich von Berlin, an einem See. Wir haben keinen Internetempfang, lesen nicht nach, dass bereits 470 Hektar Wald brennen, finden nur heraus, dass wir knapp 140 Kilometer Luftlinie entfernt sind, weit genug weg vom Feuer.

Und so liege ich später ganz entspannt in meiner Hängematte und schaue hoch in die Kiefernwipfel und Sterne und fühle mich gut und frei. Bin zum ersten Mal allein mit dem Fahrrad losgezogen, übernachte zum ersten Mal in einer Hängematte. Es wird kalt in der Nacht, ich schreibe gedanklich einen wärmeren Schlafsack auf die nächste Packliste.

Die Notizen beginnen erst später, als ich auf den Zug zurück warte. Auf einer Plattform stehe, mit anderen Wartenden. Und wieder schreibe, von gestern, rausschreibe mit der gleichen Energie, mit der ich am Vortag rausgefahren bin. Reisen und Schreiben im Wechselspiel, die beste Balance.

Nach einer Woche wurde der insgesamt 1200 Hektar große Waldbrand gelöscht. Der sandige Brandenburger Boden, die Wälder voller Kiefern und das trockene Klima fördern solche Brände, lese ich. Solche Waldbrände kannte ich bisher nur aus Australien.

Manchmal glaube ich, ich kenne diese Städte, dabei kenne ich nur die Teppiche, die großen Fenster, die Palmen in den Wartehallen, die bunten Lichter auf den Landebahnen und die Schalter der Flughäfen in diesen Städten. Wieder einmal fliege ich gen Osten, über Abu Dhabi, diesmal nicht über Dubai, und wieder einmal werden mich all die Flugtickets, die zwischen meinem Reisepass klemmen, zu einem weit entfernten und doch nah bekannten Ort bringen, »to a sunburnt country«, wie es in Dorothea Mackellars Gedicht *My Country* heißt, das sie 1904 mit 19 Jahren in England schrieb, als sie die Ebenen und den weiten Horizont, die Dürren und Gewitter, all die Gegensätze ihres Landes vermisste. Hundertzehn Jahre später, 2014, erkenne ich die Sehnsucht wieder.

Auch andere australische Schriftsteller schrieben aus der Ferne. George Johnston lebte zehn Jahre auf der Insel Hydra in Griechenland, wo er seinen Melbourne-Roman *My Brother Jack* schrieb. Tim Winton beginnt die Erinnerungen seines Insellebens an der australischen Westküste mit dem ersten Kapitel in London. Helen Garner wählte eine geringere Distanz: Sie schrieb ihr erstes Buch *Monkey Grip* 1976 in der State Library of Victoria in Melbourne. Jeden Morgen kam sie mit ihren privaten Tagebüchern von Zuhause an diesen öffentlichen Ort, um daraus einen Roman zu machen. Sie ergänzte, löschte, änderte die Namen. Sie putzte ihr Tagebuch für die Öffentlichkeit heraus. Vielleicht braucht jeder Schreibende zwei Orte: An dem einen sammelt man das Material und an dem anderen sortiert man und sehnt sich zurück. Es mag die Sehnsucht sein, die von Grund auf antreibt und schreiben lässt.

Kurz nachdem wir den Äquator überquert haben, hinter Singapur, sieht es so aus, als wären die Sterne nachts im Meer baden gegangen. Es müssen Schiffe sein. Noch sieben Stunden, dann bin ich wirklich zurück.

Sieben Kilometer

Berlin ist im Kollwitzkiez so bedächtig, aufgeräumt, hübsch, alles so gemacht, als könnten jederzeit Gäste zu Besuch kommen. Ich setze mich vor eine Bäckerei, bestelle einen Cappuccino, schaue zu. Mit einer Selbstverständlichkeit tragen Frauen Kaffee in Marmeladengläsern durch die Straßen und haben ihre Zehennägel in unterschiedlichen Farben lackiert, ihre Handtaschen liegen in kleinen Körben, Hundeleinen sind locker um Handgelenke gewickelt – es ist anders hier, nur sieben Kilometer von meiner Haustür entfernt, wo es noch Coffee-to-go-Becher gibt, Männer vor den Bäckereien sitzen und Frauen mit Kinderwägen unterwegs sind.

»Niklas!«, ruft ein Vater schon etliche Male, hat zwischen den Rufen Brot gekauft, Brot in den Kinderwagen gelegt und die Brötchen auf die Weinflaschen. »Niklas!« Man muss aufpassen, wie man sein Kind nennt, wenn man es alle zwei Minuten rufen wird, das s irgendwann scharf, das k hart, das a kurz klingt – kann ein Name beide Melodien vereinen, liebevoll und streng?

Ich flüstere jeden Namen zweimal, teste, ob er auf Englisch und Deutsch funktioniert.

Sieben Kilometer sind schnell mit dem Fahrrad, die Linienstraße entlang, sind genauso schnell mit der U-Bahn bis zum Senefelderplatz.

Werden sieben Kilometer bald zu weit sein, unerreichbar, wenn erst mein Bauch wächst und dann das Kind da ist, im Tragetuch – wird es schnell schwer? –, im Kinderwagen – wird mir jemand bei den Treppen der U-Bahn-Station helfen? –, werde ich noch weg wollen, neues erkunden, mich neu erfinden?

Ich würde dafür keine Zeit haben, sagen sie.

Ich würde keine Zeit haben, darüber nachzudenken.

Zurück in Brisbane

Es ist enttäuschend, nach drei Jahren wieder in Brisbane anzukommen. Nichts hat sich verändert. Für einen Moment weiß ich nicht, wieso ich zurückgekehrt bin. Meine Erinnerung stimmt. Es gibt nichts zu korrigieren. Die Fußgängerampeln geben immer noch die Piepsgeräusche von sich, für die Busse braucht man die Touch-on-and-touch-off-Karte, die Lagune ist überfüllt an heißen Samstagen, in West End blühen die orangenen Flammenbäume, und wenn sich ein Gewitter über der Stadt ansammelt, ist es ein anständiges Gewitter mit richtig viel Regen und Lärm und Blitzen und keine halbherzige Sache. Wie ist es möglich, dass ich so lange nicht hier war und die Stadt doch augenblicklich wiedererkenne und mich fühle, als wäre ich erst gestern gegangen? Statt siebenundzwanzig Stunden um die Welt zu fliegen, hätte ich genauso gut zuhause bleiben und nur an Brisbane denken können.

Ich treffe Dave aus Schottland wieder, der mir vor drei Jahren in Zimmer Nummer 26 des Somewhere-to-Stay-Hostels Geschichten aus der Orangenfabrik erzählte. Diesmal macht er ein Auslandssemester.

»Was sind deine Pläne?«, fragt er mich und ich kann ihm nicht gleich antworten. Australien war wieder einmal mein logischer nächster Schritt, nachdem ich mein Redaktionsvolontariat abgeschlossen und meinen ersten Sommer als freiberufliche Reisejournalistin in Barcelona verbracht hatte. Ich wollte weiter. Also buchte ich Australien. Dieses Land würde mir wieder meinen Weg zeigen. »Schreiben, Fotos machen«, antworte ich, »Das Übliche, Zeit im Outback und am Meer verbringen.«

Er nickt und wartet.

Es gibt einen Weg von Melbourne nach Broken Hill, eine Bergbaustadt im Outback, fällt mir ein. Es war noch kein Plan, nur eine kurze Recherche nach einer abgelegenen Stadt im Nirgendwo.

Dave erzählt mir von seinen Plänen, er wird einen Ausflug nach Moreton Island mit seinem Geografiekurs machen und sich in Brisbane einen Alltag etablieren.

Ich buche einen Flug in die Hauptstadt Victorias.

Es hat sich doch etwas verändert. Ich muss nur lange genug bleiben, um zu sehen, dass Orte verschwunden sind wie das Buchladencafé in New Farm und mein fünftes Brisbane-Zuhause in dem Backsteingebäude an der Brunswick Street. Andere Orte kommen hinzu: Im Somewhere-to-Stay-Hostel erkennen sie mich nach drei Jahren wieder und geben mir den Schlüssel für das Zimmer mit Balkon. Ich genieße einen neuen Blick auf die Hochhäuser, auf das Riesenrad neben dem Theater, auf die Dächer der Queenslander Häuser in der Nachbarschaft, auf die Palmen im Garten. Das leuchtende Grün der Bäume, das sanfte Licht, alles wirkt wie ausgeleuchtet für eine Ankunftsszene. Abends laufe ich zum Aussichtspunkt zwischen West End und Highgate Hill und bin doch froh, dass mir die Stadt vertraut ist und ich ohne Karte meine Fluchtpunkte finde.

Unsere Tochter kommt im Winter zur Welt. Wenn sie schläft, schlafe oder schreibe ich. Beide Aktivitäten ähneln sich, sie bringen mich woandershin, so dass ich jedesmal, wenn sie in ihrem Stubenwagen aufwacht, ein Glucksen, ein Strecken, ein Schrei, den Bruchteil einer Sekunde brauche, um von einer Welt in die andere zu kommen. Im Kopf noch ein Traummoment oder ein halben Satz, der auf dem Weg zu ihr verfliegt. Ich stürze zu ihr, zeige ihr, ich bin hier, bei dir! Kurz überrascht, dass dies nun mein Leben ist. Und das davor auch meines war.

Australien rückt immer weiter weg. Die australische Regierung schloss schnell ihre Grenzen, als sich das Corona-Virus auf der Welt ausbreitete, und wird für zwei Jahre keine Touristen einreisen lassen. »If you are a visitor in this country, it is time (...) to make your way home«, erklärte Premierminister Scott Morrison auf einer Pressekonferenz im April 2020. Zeit, nach Hause zu fliegen.

Ich habe schon lang nicht mehr von Flügen geträumt, weder von verpassten noch von allein gereisten. Und doch lese ich die Artikel über Backpacker, die plötzlich keine Arbeit und Unterkünfte mehr finden, die überlegen müssen, eher als gedacht zurückzufliegen, und frage mich, was ich wohl getan hätte.

Die ganze Welt rückt in die Ferne. Wie in Australien gibt es auch in Deutschland Kontaktbeschränkungen. Man darf sich nur noch zu zweit treffen, muss im eigenen Bundesland bleiben. Freunde auf der anderen Seite der Stadt und meine Familie am anderen Ende von Deutschland sind unerreichbar. Uns bleibt das ganz Nahe, das Zuhause, die Kernfamilie. Wir igeln uns ein, draußen der zweite Lockdown, drinnen unser neues Familienleben, dazwischen dieser Text.

»Was hier in einem Monat passiert, hätte zuhause ein Jahr gebraucht«, sagt John aus Irland an einem dieser Spätnachmittage, an dem wir auf dem roten Sofa zwischen Hosteleingang und Bürgersteig sitzen und Wein aus Ikea-Kaffeetassen trinken. Wir sind allein, zu zweit, zu dritt in dieses Melbourner Hostel gekommen – nun sind wir viele, die sich die Zimmer, die Bäder, die Küche und manchmal auch das Bett teilen; die sich Geschichten, Länder und Reisen teilen. Ich hatte vergessen, wie schnell sich diese Vertrautheit in Hostelfreundschaften entwickelt. Ich nicke, sehe, wie Laras Unterarm mit dem Tattoo der Weltkarte in der Sonne liegt, frage, »Darf ich?« und mache ein Foto.

Wir fühlen uns an einem Ort zuhause, der nicht unser richtiges Zuhause ist. Von dieser Art gibt es noch mehr, auch in Cafés, Pubs und Buchläden finde ich es gemütlich, treffe Freunde, horche auf die Musik, die im Hintergrund läuft. Der amerikanische Soziologe Ray Oldenburg entwickelte dazu das Konzept des *Third Place:* Er benennt das familiäre Zuhause als ersten Ort und den Arbeitsplatz als zweiten Ort. Dazwischen liegt der dritte Ort, der Geselligkeit, Gemütlichkeit und Vergnügen bietet, aber keine beruflichen oder familiären Verpflichtungen mit sich bringt.

Als Reisende verbringt man besonders viel Zeit an diesen dritten Orten. Auf dem neutralen Boden von Cafés und Bars kann man unverbindlich und schnell andere Menschen kennenlernen, sich unterhalten oder beobachten, auch der eigenen Einsamkeit entfliehen.

Dehnt man den Begriff, ist das Hostel das Nonplusultra des dritten Ortes, Café, Pub und Bibliothek in einem inklusive den geselligen Mehrbettzimmern, es ist unser Ersatzzuhause. Hier lernen wir uns zufällig kennen, werden Stammgäste, die teils mehrere Monate bleiben. Unsere einzigen Verpflichtungen sind das Bezahlen der Übernachtungskosten und der Bitte nachzukommen, unser Geschirr zu spülen. Sonst sind wir sozial, entspannt und vergnügt. Ganz unverbindlich.

Und wir sind frei. Können das Hostel jederzeit verlassen und wiederkommen, auch wenn es nur für eine Nacht ist, weil am Morgen einer die anderen mit einer Idee weckt: »Aufstehen, ich hole das Auto, wer mitwill, kommt mit, packt mal Schlafsack und Hängematten ein«, und schon ist Oli wieder verschwunden, um seine Aussage in die Tat umzuwandeln. Zu dritt fahren wir zur Mornington Peninsula, Oli und Hamish fangen mit den Händen einen leopardgefleckten Fisch im wellenlosen Meer und lassen ihn wieder frei. Am Horizont liegt Phillip Island, dazwischen soll es viele Haie geben. Wir fahren weiter zu einem langen, verwehten Strand, Surfer tanzen in meterhohen Wellen, Angler stehen am Ufer und werfen lange Schnüre in den Wasserstrudel.

Sorrento ist von beiden Seiten von Wasser umgeben, gen Norden die Bucht von Port Phillip und Melbourne, gen Süden die Bass-Straße und dahinter irgendwann Tasmanien. Wieder die Idee, wie wäre es, direkt am Meer zu leben? All die Orte, die ich schon auf Reisen gesammelt habe, wo ich gern bleiben würde und dann doch weiterziehe.

Wir essen Pizza im Auto und fahren auf die Seite der Landzunge, wo das offene Meer wütet und die Wellen riesig sind, trinken ein Little-Creatures-Bier nach dem anderen, während die Sonne pink leuchtend verschwindet und Sterne auftauchen.

»Wer möchte hier nicht übernachten?«, frage ich irgendwann und so bleiben wir, schauen auf die Milchstraße, das Southern Cross und einen halben Mond. Hinter uns leuchtet Melbourne wie ein zweiter, aufgehender Mond am Horizont.

»Nach Silvester kommen wir mit nach Broken Hill«, sagen sie, nachdem ich ihnen von meiner Outbacksehnsucht erzählt habe. Wer weiß, ob sie nüchtern die gleichen Pläne schmieden. Dennoch werde ich dem Australier absagen, der auf meine Gumtree-Anzeige geantwortet hat, und schrieb, dass er mit Hund und Jagdausrüstung unterwegs sei. Ich bleibe lieber noch ein wenig im Hostel. Wir lernen uns gerade so gut kennen.

A. beginnt eine Affäre mit B. und verlässt ihn bald, um sich in das Bett von C. aus Schottland zu schmuggeln. D. aus England lässt die platonische Freundin E. von F., die stets auf der Couch miteinander kuscheln, auf seinem Schoß sitzen und in sein Bett, während F. hin und wieder G. um den Finger wickelt, die später H. auf der Silvesterparty küsst. Ich höre, wie B. zu G. sagt, »Was willst du mit dem? Du brauchst jemanden, mit dem du denken kannst, keinen, der nur auf Bäume klettert.« I. wünscht sich einen Freund oder einen Kumpel, aber keine Liebschaft dazwischen. Regelmäßig kommen die Australierinnen J. und K. ins Hostel, um ihre Partner L. und M. zu besuchen.

Wenn ich den Überblick verliere, ziehe ich mich zurück auf den Balkon, lese das Gedicht *lieber in Gedanken reisen, Hokusai* von der Österreicherin Friederike Mayröcker wie ein Mantra, es reist mit mir seit fünf Monaten. Ich las es, als ich letzten Sommer in Barcelona war und an zuhause dachte, ich las es, als ich in Barcelona das Flugticket nach Australien buchte, ich lese es überall, hier, dort, wie eine Realisation, wie eine Bestätigung, dass nicht nur ich es bin, die gleichzeitig reisen und zuhause sein möchte. Dann gehe ich wieder hinunter auf die Terrasse, wo die anderen von der Arbeit oder einem Ausflug zurückkommen.

Das Hostel erweckt den Eindruck, ein erster Ort zu sein, solange wir nirgendwo anders wohnen. Doch ein Zuhause besteht aus einem festeren sozialen Konstrukt und einer verbindlicheren Kündigungsfrist. Im Back-of-Chapel-Hostel treffe ich jeden Morgen neue Leute in der Küche, und meine Miete zahle ich erst pro Nacht und dann pro Woche mit Rabatt. Zu einem ersten Ort kann ich Freunde einladen, für die ich aufräume und einen Kuchen backe. Dort können wir unter uns sein. Ein Sechsbettzimmer mit Gemeinschaftsräumen bietet diese Privatsphäre nicht.

B., A. und N. arbeiten im IT-Bereich und erhoffen sich ein Sponsorship ihrer Firmen, F. bekommt eine Visa-Verlängerung als Baumpfleger, O. als Kellnerin, P. als Umzugshelfer, Q. als Koch. H. möchte einfach nur weg sein aus Italien, sieht dort keine Zukunft, er mixt am liebsten Cocktails in einer Bar. Woche für Woche verlängern sie ihr Hostelleben. Ihnen genügt ein Arbeitsvertrag, also ein fester zweiter Ort. Ein Mietvertrag kann noch warten, noch möchten sie nicht sesshaft werden, sich an keinen ersten Ort binden. R. wird bald wieder nach Frankreich fliegen: »Ich bin 29, ich möchte zurück, einen Mann finden und Kinder kriegen.«

In einem Hostel ist man permanent in Gesellschaft, mitreden und mitgehen fühlt sich einfacher und lebendiger an als allein ein Gedicht auf dem Balkon zu lesen. Doch hält man sich nur noch an dritten Orten auf, fehlt irgendwann das Zuhause, wo man die Tür hinter sich schließen kann.

»You are very self-reserved«, sagt ein Engländer, als ich mich auf den Weg zum Bahnhof mache. Ich halte inne, die Türklinke in der Hand, übersetze es als zurückhaltend, reserviert, grummelig, und frage ihn, wie er das meint.

Ich würde mir Zeit für mich reservieren, erklärt er, bevor er wieder in den Gemeinschaftsraum geht, wo sie Weihnachten am Strand planen. Ich schließe die Tür und nehme den Zug ins australische Heidelberg zum Heide Museum of Modern Art.

Heide war einst ein Künstlerparadies, ein Fluchtort außerhalb der Stadt, ein Zuhause für Freunde. 1934 zogen Sunday Reed und ihr Mann John aus ihrem Melbourner Stadtapartment nach Heidelberg in die Nähe des Yarra Rivers. Sie renovierten den einstigen Bauernhof, nannten ihn Heide und luden Künstler wie Joy Hester und Sidney Nolan zum Nachmittagstee im Garten ein, wo sie über Musik, Kunst und Literatur diskutierten. Sunday Reed war selbst keine Künstlerin. Sie kam aus einer reichen Familie, wollte aber ein freieres, wahrscheinlich auch aufregenderes Leben führen als das von ihr erwartete Hausfrauendasein. Am liebsten sah sie den Künstlerinnen und Künstlern beim Arbeiten zu. Sie saß in Sidney Nolans Arm, als er seine Serie des australischen Banditens Ned Kelly am großen Esstisch malte, und sah Joy Hester zu, wie sie ihre Zeichnungen auf dem Sofa vor dem Kamin anfertigte.

Seit 1981 ist Heide ein Museum. Ich laufe durch die Galeriehäuser Heide I, Heide II und Heide III und durch den Küchengarten. Der parkähnliche Garten war Sunday Reeds Herzstück. Kamen Besucher aus Europa, brachten sie oft Samen mit, die sie einpflanzte. Überall stehen einzelne Bänke auf der Wiese und unter Bäumen, in der Sonne und im Schatten, die zum Pausieren und Kreieren einladen. Die Balance ist wichtig, zwischen Leben und Erschaffen, zwischen Gemeinschaft und Alleinsein, ich sehe es an diesem Ort. Jeder, der damals Zeit in Heide verbrachte, half mit: Sidney Nolan kümmerte sich ein bisschen mit um den Garten, Joy Hester bereitete das Frühstück im Garten vor. Sonst hatten sie in ihrem Ersatzzuhause nur eine einzige richtige Verpflichtung: ihrer Kunst nachzugehen. Sunday Read war Gastgeberin, Muse und Unterstützerin.

Ich wähle eine Bank, von der ich die langen hellen Stämme der Eukalyptusbäume sehe, und schreibe. Alleinsein ist immer ruhiger, es setzt Gedanken frei.

Sechs Jahre später schaue ich bei Facebook nach: Die Kellnerin und der Koch sind wieder in England, zwei ITler zurück in Irland, der Cocktailmixer in Italien. Ein Ire und der Umzugshelfer aus England sind noch in Australien. Die Australierinnen haben ihre amerikanischen Freunde geheiratet und zogen nach Kanada und in die USA. Die Deutschen, die für ein paar Tage im Hostel waren und dann weiterzogen, blieben oft nur für die Dauer von einem oder zwei Working-Holiday-Visas und schmiedeten kaum Auswanderungspläne, nicht einmal auf Zeit. Auch ich machte damals nur noch Pläne für die Zeit meiner Aufenthaltsdauer: der Roadtrip ins Outback, ein Monat in Sydney.

Hamish und Oli sagen mir ab für die Reise nach Broken Hill, ihre Begeisterung galt doch nur der trunkenen Sternennacht am Meer. Ich fahre mit der Tram auf die andere Seite der Stadt und setze mich in ein Café in Collingwood, das Mina-no-ie heißt, *Haus für alle* auf Japanisch. Melbourne ist laut, dieses Café ist ruhig, die klaren Linien der Holztische und Regalbretter entspannen mich. Ein dritter Ort für die Dauer eines Flat Whites, den ich besonders langsam trinke. Vor mir auch meine Kamera, mein Tagebuch, in das ich schreibe, mit dem ich überlege, mein steter Reisebegleiter. Würde ich mich auch alleine ins Outback wagen? Ich fahre selten Auto und habe noch nie einen Autoreifen gewechselt. Mein Kreislauf klappt bei Hitze zusammen. Und überhaupt, allein als Frau im Outback? Das Erste könnte ich lernen, dem Zweiten mit Notfall-Cola-Flaschen entgegenwirken, bei dem Dritten Vorsicht üben. Ich hole mein Handy raus und tippe die Mietwagen-Website in den Browser. Kein Auto ab sofort verfügbar.

Ich wage einen ersten kleinen Roadtrip-Test auf Phillip Island. Es ist ein bewölkter Tag, als ich mir den Mercedes einer Bekannten ausleihe, die ich in Barcelona kennengelernt habe, um damit über die Insel zu fahren. Phillip Island scheint zu klein zu sein für all die Dinge, die sie versammelt: Surfende am Smith Beach, Go-Kart-Jungsgruppen bei der Formel-1-Rennstrecke, Touristen bei den Pinguinen, Rennradler auf der Straße, Tausende von Möwen in der Storm Bay. Die Karte liegt auf dem Beifahrersitz. Ich mache Musik an, die ich mag, laut. Halte an, wo ich möchte. Draußen weht ein starker Wind, als ich das Fenster runterkurble, höre ich das Tratschen und Kreischen der Vögel von einer kleinen Insel herüber wehen. Bemerke, was ich mag. Stelle mir vor, wie das wäre, ein Roadtrip alleine. Ich werde nicht mehr warten, bis sich jemand fürs Mitkommen entscheidet.

Dritte Orte seien wichtig, schreibt Oldenburg in seinem 1989 veröffentlichten Buch *The Great Good Place*, um Nachbarschaften, Städte und Gesellschaften zu vereinen. Darin liegt die Illusion der Hostels. Sie vereinen viele Nationalitäten. Doch letztendlich hat man mehr Freunde auf der ganzen Welt als in der eigenen Nachbarschaft. Nur Einzelne treffen sich wieder. Von Berlin fahre ich mit dem Zug zu I. an die niederländische Nordsee. B. verbringt einen Sommer in Europa und wir treffen uns auf ein Bier. Er erzählt, dass er A. und N. in Irland gesehen habe und bald zurück nach Melbourne fliege, wo er wieder mit P. auf der Chapel Street feiern werde.

Am 25. Dezember gehen wir, die gesammelte Hostelgemeinschaft, an den Strand, wir fahren Sofas vom Sperrmüll in einem Umzugswagen nach Brighton. Wir trinken Victoria Bitter, schwimmen im Meer, knüpfen Freundschaftsbänder, sonnen uns, lachen, fühlen uns wie eine große Familie und wissen doch, dass wir nach und nach zu neuen Adressen ziehen werden.

Am Abend buche ich mir einen Mietwagen für den Start in das neue Jahr, mein Weihnachtsgeschenk.

Auch unser Hostel wird umziehen, seinen Namen und Standort ändern, doch es wäre sowieso nicht mehr unseres gewesen; dritte Orte ändern sich mit ihren Stammgästen. Was hier geschah, wird in dieser Konstellation nie wieder geschehen, sich nur in Abwandlungen mit anderen Anfangsbuchstaben wiederholen.

Negativstreifen

In einem Ordner hefte ich meine Negativfilmstreifen mit den Indexkarten ab, auf denen Miniaturbilder gedruckt sind. In diesem Format verschwimmen die Details der Fotos und lassen die Indexkarte wie eine Farbpalette aussehen. Im November ist sie gelb-weiß-grün vom warmen Licht und den weißen Queenslander Häusern mit ihren grünen Gärten in Brisbane. Im Dezember ist sie beige-blau von den Stränden und den Kaffees, vom Meer und dem weiten Himmel in Melbourne.

Der Januar ist eine rot-braune Farbpalette. Hin und wieder ein Streifen hellblauer Himmel. Überall die Farbe des Outbacksandes, in der Nudelsauce, bei den braunen Pferden am Straßenrand, auf dem Cover des Buches, das ich mitnahm, natürlich in den Landschaftsfotos. Auf einem Foto stehe ich auf einem Hügel und schaue in die Weite, mit rotbraunen Beinen, braunen Haaren, einem grauem Kleid. Die Farbpalette gleicht dem Sand im Glas, wenn die Sonne über meinen Schreibtisch und das Glas wandert. Hätte ich mich nachts aus dem Auto gewagt und den Sternenhimmel fotografiert, wäre es wohl eine rot-braun-schwarze Farbpalette mit weißen Punkten geworden.

Abends ist es stockdunkel in der Geisterstadt Silverton. Ich kontrolliere nach: habe die Autoscheiben so weit hochgekurbelt, dass kein Arm mehr von außen hindurch passt, aber ein bisschen Luft hereinkommt. Die Stirnlampe liegt neben mir. Ich versuche die Tür liegend von der Rücksitzbank zu öffnen – geht nicht. Gut, abgeschlossen. Sonst hätte ich noch mal auf das Schloss am Schlüssel drücken müssen, und das hätte nicht nur das Auto aufgemacht sondern auch die Lampen angeknipst, das Innere des Autos samt mir erhellt und mein Versteck verraten. Wer hätte mich sehen können? Vorhin habe ich vier weitere weiße Fahrzeuge auf dem Zeltplatz gesehen. Sonst sollte da nichts sein außer Outback und ein paar Schlangen und Spinnen und Kängurus. Eigentlich.

Vor drei Tagen bin ich losgefahren, um das Gewusel von Melbourne mit der Einsamkeit von Australiens Natur zu tauschen. Auf der Suche nach Ruhe, Weite und der Balance des Outbacks. Auch auf der Suche nach meiner eigenen Stimme, meiner Weite und meiner Balance. Doch es dauert, bis man sich an sich selbst gewöhnt. Besonders dann, wenn man die letzten Monate immer von Menschen umgeben war. Am ersten Tag ist es sehr still im Auto, sobald ich die Fahrertür schließe. Ich fahre gen Norden und die Autos auf der Straße werden weniger. Draußen stehen einzelne Bäume wie Sommersprossen auf den Feldern, ab und an eine Wellblechhütte. Wer wohnt wohl dort? Ich wechsle CDs und mag keine mehr. Um nicht vom neuen

Alleinsein überwältigt zu werden, versuche ich, mir irgendwelche Szenen im Kopf abzuspielen, wie ich es sonst nur auf Zahnarztstühlen mache. Nur nicht daran denken, dass niemand neben mir sitzt und ich vielleicht einen Reifen wechseln muss. Allein ist man für alles verantwortlich: wo ich anhalte, wie viel Wasser ich brauche, welche Musik gerade zur Straße und zur Stimmung passt, wann ich einen Schlafplatz suche.

Am ersten Abend bin ich nicht allein, ich besuche Geordie, mit dem ich vor acht Jahren von Perth durch die Nullarbor-Ebene nach Adelaide gefahren bin. Er ist mit seiner Frau von Melbourne in eine Kletterstadt gezogen, wie er sagt, sie haben sich ein Haus gekauft und Bäume gepflanzt, die in fünf Jahren schulterhoch sein werden. Das Haus ist dunkel, eine Klimaanlage surrt, in der Küche hängt eine Tapete mit grünen Blättern. Sie möchten Wände einreißen, erzählen sie, eine Veranda bauen. Aus dem Küchenfenster über der Spüle schaut man in den Garten, das Gras ist trocken und verbrannt.

Draußen fliegen Vogelschwärme über uns hinweg.

»Wieso seid ihr so weit rausgezogen?«, frage ich, meine eigentlich rein in das Land, weg von der Küste und der Großstadt.

»Die Stadt ist aufregend, aber hier können wir uns auf Projekte konzentrieren, malen, klettern, das würde dort untergehen.«, sagt Geordie. »Hier ist es schön ruhig.«

Am zweiten Tag kommen die Zweifel von außen. In Südaustralien ist ein Buschfeuer ausgebrochen. Geordie nimmt mich mit zum Mount Arapiles Fire Lookout, dort treffen wir

Ron Jardine. Ein Zwölf-Stunden-Arbeitstag und eine neblige Sicht liegen vor ihm. »Diese Saison gab es schon zehn Feuer.« Der Rauch in der Ferne verwandelt die Landschaft in ein Gemälde.

Woher weiß ich, wo das Feuer ist? Und ob es mich einholen wird?

»Wenn ein Feuer ausbricht, erhält jedes Handy in der Nähe eine SMS«, erklärt Ron und zeigt uns auf einer großen Karte, wo der Rauch herkommt. Ich installiere die Fire Ready App auf meinem Handy. Bevor ich mich wieder auf den Weg mache, zeigt mir Geordie, wie man ein Rad wechselt und programmiert den ABC Emergency Channel in mein Autoradio ein, damit ich die Bushfire News hören kann. Die Luft ist so heiß, dass ich glaube, meine Haare könnten Feuer fangen.

Als ich Geordie und seiner Frau zum Abschied winke, liegt die Nadel der Temperaturanzeige bei knapp über 40 Grad. Doch die Natur hier draußen ist unberechenbar: Kaum fahre ich aus Horsham heraus, fällt die Nadel auf 23 Grad und der Regen fegt wie ein Besen mit Stahlborsten über die Straße. Ich sehe nur noch Wasser und Äste vor mir. Schnell flüchte ich rechts in eine Wohnsiedlung und warte ab, bis die Scheibenwischer wieder dem Wasser mächtig werden und die Temperatur auf 44 Grad steigt. Baumschnipsel liegen auf der Straße. Wieder muss ich an den Roadtrip in Westaustralien denken, als wir gemeinsam überlegten, ob wir stehen bleiben oder weiterfahren sollten. Das Radio knackt und redet von sich ausbreitenden, unkontrollierten Buschfeuern. Die Luft im Rückspiegel sieht rot aus, ist es der Regen, der auf rote Erde fällt, oder Feuer?

»Es ist zu spät, versuchen Sie Unterschlupf zu finden«, sagt die Radiostimme und ich verstehe den Ort nicht. Die Fire Ready App ist zu langsam. Ich versuche Ortsnamen zu verstehen. Warracknabeal ist menschenleer. Ebenso der nächste Ort. Einzelne Eukalyptusbäume wechseln sich mit Eukalyptussträuchern ab, die sogenannten Mallee. Diese Bäume sind äußerst ölhaltig, brennen schnell und beschleunigen so jeden Waldbrand. Wissen beruhigt nicht immer. Ich fahre weiter, immer weiter. Eukalyptusbäume mögen Feuer: Bei Hitze platzen ihre Samenschalen auf, verteilen sich überall und sprießen schneller als andere Baumarten wieder auf. Die Mallee-Sträucher hüten außerdem eine sogenannte schlafende Knospe unter der Erde, einen Lignotuber, der neu austreibt, wenn schon alles abgebrannt und verloren scheint.

Am Ende des langen Tages verfahre ich mich zwischen endlosen Weinrebenreihen und großen Palmen und muss in einem Kiosk fragen, wie ich wieder zurück nach Mildura komme. Mein innerer Kompass ist erschöpft.

Mit der Dame von Coachman Camp spreche ich über die Waldbrände.

»In Broken Hill besteht keine Gefahr«, beruhigt sie mich. Da draußen wäre es viel zu trocken. »Hier sind die Feuer nichts ungewöhnliches. Es passiert jedes Jahr. Aber glauben Sie mir, dies ist ein wunderschönes Land, kommen Sie wieder, wenn keine Feuersaison ist.« Sie holt mich raus aus meinem Kopf, meinen Gedanken, mit denen ich den ganzen Tag allein war. Die Australier sind die Naturmächte gewöhnt. Es ist eben so.

Auf Roadtrips gibt es jeden Tag eine neue Herausforderung. Als Reiselektüre habe ich Robyn Davidsons *Tracks* mitgenommen, die über ihre mehrmonatige Wanderung mit Kamelen durch das australische Outback schreibt. Wenn sie das konnte, kann ich das erst Recht mit einem bequemen Auto, asphaltierten Straßen und Tankstellen auf dem Weg. »To be free is to learn, to test yourself constantly, to gamble. It is not safe«, schreibt sie. Und so schubse ich mich weiter hinein in das Outback, möchte frei sein, lernen, mich testen, spielen, auch wenn es unsicher sein könnte, und so starte ich die 300 Kilometer lange Strecke nach Broken Hill. Kein Handyempfang. Tote Kängurus liegen am Straßenrand, eines hockt lebendig da. Nur ein Roadhouse dazwischen. Ein wortkarges Paar steht davor, hat den Deckel der Motorhaube aufgeklappt und will nicht einmal über das Wetter reden.

»Ganz schön heiß, was?«, sage ich.

»Yeah«, sagt sie. Sie lächelt nicht, sie dreht sich nicht weg.

»Müsst ihr das Auto kühlen?«

»Yeah.«

»Sollte ich wohl auch machen.«

»Yeah.«

Ich fahre weiter, es wird heißer, rote Straßenschneisen zweigen nach rechts und links ab, sonst sind da nur einzelne Eukalyptusbäume, Akazien und Kasuarinen und der riesige Horizont. Ich gewöhne mich daran, geradeaus zu fahren, ich fotografiere aus dem Auto heraus, wechsle weiterhin CDs, versuche das R zu rollen. Ich könnte ewig weiterfahren, die Fahrt verwandelt sich in eine Meditation: Gedanken kreisen lassen, auf den Atem und den Lenker achten... Bis zu meiner Linken ein Hügel auftaucht, so akkurat geformt als hätte ein Riese ein Kastenbrot aus Sand gebacken.

Das ist also Broken Hill. Für eine Stadt irgendwo im Nirgendwo ist sie unter vielen Namen bekannt – man nennt sie Silberstadt, Minenstadt, Künstlerstadt oder Filmstadt. Ich fahre über den Silver City Highway hinein, und rechts von mir sind noch mehr schwarze und beige Sandhügel, nicht mehr ganz so akkurat geformt wie die erste Sandburg am Stadteingang. Darunter befinden sich der 7,5 Kilometer lange und 1,6 Kilometer tiefe Erzkörper. Seit 1885 wurden hier bereits 300 Millionen Tonnen Erz herausgeholt – laut der Tourismusbroschüre sei das genug, um 1500 Konzerthallen des Sydney Opera Houses zu füllen. Ich fahre langsam die Crystal Street entlang. Nach links zweigt die Silver Street ab, überall steht Bergbaugeschichte. Zur Linken sind die Straßen breit, die Häuser haben nur ein Stockwerk. 20 000 Menschen leben hier, in der Hauptsaison im Winter liegen die Temperaturen zwischen 20 und 25 Grad. Ich bin in der Nebensaison im Januar hier, wenn es zu heiß ist und die Klimaanlage im Auto der beste Beifahrer ist.

Ich habe noch Zeit für einen Abstecher und fahre in die Geisterstadt Silverton. Außerhalb von Broken Hill befinde ich mich wieder in der Stille des Outbacks, wo nur der Wind durch mein Fahrerfenster heult und aus dem Beifahrerfenster wieder hinaus huscht. Am Straßenrand stehen Ziegen, sie wirken ein bisschen fehl am Platz.

Geisterstädte gibt es einige im australischen Outback, vor allem dort, wo seit den 1850er-Jahren Gold und Silber gefunden wurde. Dann zogen plötzlich etliche Glückssucher dorthin und erschufen im scheinbaren Nichts einen Ort zum Leben und Arbeiten. Sobald sie alle Schätze gefunden hatten, verschwanden die Menschen so schnell wie sie gekommen waren und hinterließen leere Straßen und Häuser.

In Silverton fand man 1875 Silber. 1880 wurde sie als Stadt gegründet, die Bevölkerung wuchs auf 3000 an, es gab eine Zugverbindung nach Broken Hill, Geschäfte entlang der Hauptstraße, eine Schule, ein Krankenhaus, Sportvereine, auch ein Gefängnis. Doch als man im 25 Kilometer entfernten Broken Hill noch mehr Bodenschätze fand, sank die Einwohnerzahl. 1901 lebten hier nur noch 300, heutzutage etwa 50 Personen. Es gibt drei Galerien, zwei Museen, ein Café und einen Pub. Für eine Geisterstadt wirkt Silverton gar nicht wie ausgestorben.

Der Zeltplatz am Ortseingang hingegen schon. *Welcome to Penrose Park* steht auf einem Schild. Ich spaziere über das Gelände, vorbei an überwucherten Tennisplätzen und etlichen Schaukeln. In den 1930er-Jahren war Penrose Park ein Vergnügungspark, in dem die Arbeiter der Bergwerke mit ihren Familien am Wochenende picknickten, Sport machten, mit den Kindern spielten. Ich schaukle kurz, sonst ist nichts mehr in Bewegung. Es ist sowieso einer dieser heißen Outbacktage, an dem die Hitze die Luft verdickt und alles stillsteht. Vier weiße Autos sind noch da, aber ich sehe die Fahrer nicht. Kurz rede ich mit Scott, dem Besitzer des Zeltplatzes. Ganz dürr in ärmellosem Shirt und mit wildem Bart steht er da, und hätte ich der Angst nachgegeben, die ich mir in Teenagerjahren mit Horrorfilmen antrainiert habe, wäre ich wohl davongerannt. Doch ich bin zu müde zum Rennen und so rede ich. Wie er so ist, der Sommer hier draußen.

»Seit einem Monat gibt es kein Wasser mehr«, erzählt er. »Wir holen es von den Regentonnen drumherum, aber auch die werden langsam leer.« Er scheint sich nicht großartig zu sorgen. Ist eben so.

Um ein Uhr nachts wache ich auf. Das Fenster ist immer noch einen Spaltbreit offen. Vögel kreischen laut auf. Vier grimmig dreinblickende Männer versammeln sich um mein Auto. Ich versuche, aus dem Fenster zu spähen, ohne mich zu bewegen. Bin ich wach, träume ich? Ich kann nichts erkennen. Werde ich gesehen? Sind das die wahren Geister von Silverton?

Irgendwann muss ich wieder eingeschlafen sein, Angst kann so erschöpfend sein, dass man ihr irgendwann nachgibt. Tagsüber ist alles wieder gut. Ganz unfassbar still, leise und magisch gut sogar, als ich in Silverton noch einen Kaffee trinke. Hektik und Trubel sind gar nicht mehr verlockend. Ich schaue den Hügel hinunter auf die einzelnen Häuser des Ortes. Einige Filme wurden hier gedreht, wie Mad Max 2. Später besuche ich die Cowz Art Gallery. Davor stehen kaputte Autos, auf die Outbackmotive gesprayt wurden, drinnen sitzt Chantell Cowley. Sie zog vor vier Jahren von Broken Hill nach Silverton, kaufte mit ihrem Mann, dem Künstler Justin Cowley, das Haus oben auf dem Hügel, renovierte es und eröffnete die Cowz Art Gallery. Was motiviert ein junges Paar, mit ihrer kleinen Tochter in diese Einöde zu ziehen statt in eine größere Stadt am Meer? Die eigene Kunst in einer Geisterstadt im Nirgendwo auszustellen? Ich schaue aus dem Fenster, während sie mit mir spricht: neben den einzelnen Häusern trockene Büsche, verwehter Sand und viel Himmel.

»Manche Leute sehen es, manche nicht«, sagt sie. »Manche bevorzugen den Strand. Ich würde heulen, wenn ich hier wegziehen müsste.«

Auf den Bildern ihres Mannes Justin tanzen Menschen unter dem Sternenhimmel, fliegen mit Luftballons über das

Outback hinweg oder schauen mit einer Tasse Tee aus dem Fenster hinaus in den Sonnenuntergang.

Sie erzählt mir auch von zwei Männern, die von der Polizei gesucht werden.

Zur Daydream Mine, einem Bergbau, der von 1882 bis 1983 operierte und nun im Rahmen einer Tour besichtigt werden kann, führt eine feste Sandpiste. Im Rückspiegel wirbelt roter Staub auf, ich öffne das Tor zur Nine Mile Station, fahre die Kurven durch traumhafte rote Buschlandschaft, vorbei an Mulga- und Eukalyptusbäumen, und schließe das nächste Tor am Ende der Farm. Die Uhren ticken hier anders: Broken Hill und Silverton befinden sich zwar im westlichen Teil von New South Wales, doch die Uhren sind nach südaustralischer Zeit gestellt – sprich, eine halbe Stunde früher. Ein Glück für mich. Ich unterschätze immer noch die Zeiten, Distanzen und Straßenkonditionen hier draußen.

Das Thermometer zeigt bereits 40 Grad, als ich pünktlich zum Tourstart ankomme.

»Das ist noch gar nichts!«, sagt Ron lachend, der uns durch die Geschichte und Schächte der Daydream Mine führen wird. »Hier werden es schnell mal 50 Grad.«

Die Daydream Mine entstand tatsächlich aus einem Tagtraum, erzählt Ron: »Als der Schürfer Joe Meech 1881 von einem kleinen Nickerchen im Schatten eines Baumes erwachte, sah er plötzlich lauter Mineralien in den kräftigsten Blau-, Grün- und Gelbtönen vor sich…« Ein Nickerchen oder eine Eingebung, die sich alsbald gehörig rentierte. Insgesamt wurden 96 000 Tonnen Erz in weniger als zwei Jahrzehnten zu Tage gebracht. Die 200 Bergmänner arbeiteten damals 12 Stunden am Tag, sechs Tage die Woche. Meist kamen sie aus dem britischen Wales und brachten ihre Ziegen mit – die Vorfahren derer, die nun überall am Straßenrand auf etwas zu warten scheinen.

Das Silber begab sich damals auf lange Reisen. In Australien gab es noch keine Möglichkeit, Silber von Blei zu trennen, und so schickten sie das Erz per Schiff zu den einzigen zwei Ländern auf der Welt, die dazu in der Lage waren: Deutschland und England.

Wir gehen unter Tage, stoßen uns die gelben Helme an den Steindecken an, und ich versuche nicht daran zu denken, wie lang die Holzbalken diese Masse an Steinen bereits halten müssen. Was muss das für ein Kraftakt gewesen sein, als sie vor über 130 Jahren die gefällten Bäume hier herunter brachten und all das Silber, Zink und Blei wieder hinauf. Damals wurde alles im Kerzenlicht gehämmert und geschraubt und gegraben. In Broken Hill befindet sich oben auf einem der Sandkastenhügel das Line of Lode Miners' Memorial, eine Erinnerungan die 900 Bergmänner, die in den Minen starben. Weil sie einen Schacht herunterfielen. Weil ein Fels sie begrub. Sie zu nah an einer Explosion dran waren. Oder weil sie Blei einatmeten. Jeder brachte im späten 19. Jahrhundert seine eigene Sicherheitsausrüstung, seine eigenen Kerzen, Schaufel und Hacke mit. Doch der Bergbau war – wie auch heute noch in Australien – eine gute Chance, schnell viel Geld zu verdienen.

Wir steigen bis zur dritten Ebene hinunter, schauen umher mit unseren Stirnlampen. Ron zeigt uns ein altes Foto von zwei Männern, sie arbeiten oberkörperfrei, die Mine sieht zerbrechlicher aus. Als mehr Silber in Broken Hill und immer weniger Silber in der Daydream Mine entdeckt wurde, schloss Robert Pittaway die Mine und eröffnete sie bald darauf für Touristenbesuche. Seit zwanzig Jahren wird sie von Jason White und seinen Eltern geführt.

»Gibt es in dieser Mine also kein Silber mehr?«, frage ich.

»Ganz leergeräumt wird sie nie sein«, sagt Ron.

Auch Wayne nimmt an der Tour teil, ist von Sydney angereist.

»Was machst du, während du Auto fährst?«, frage ich ihn, als wir den kühlen Untergrund verlassen und uns die feste Umarmung der Mittagshitze sofort wieder ins Jetzt befördert. Von Sydney nach Broken Hill sind es 1200 Kilometer, von Melbourne 800 Kilometer.

»Mir reicht die Landschaft, sie ist aufregend genug. Keine Musik, keine Radiogespräche – da draußen passiert immer etwas.«

Es ist Wayne, den ich später in der Pro Hart Gallery, einer von mehr als 20 Galerien in Broken Hill, wieder treffe. Ich parke mein silberfarbenes Mietauto vor der Galerie, es sieht sehr langweilig aus neben der Autosammlung des Künstlers, der Fords, Chevrolets und Bentleys als Leinwand nutzte, um darauf eine Outbackszene zu malen. Das passiert wohl oft in der Gegend. Statt alte Autos am Straßenrand verrotten zu lassen, werden sie in Kunstobjekte verwandelt. Der Künstler Pro Hart starb 2006 im Alter von 78 Jahren. Er ließ sich von Broken Hill inspirieren, von der Landschaft, den Blumen, seiner Frau – vor allem vom Bergbau. Wer in den 1950er-Jahren in Broken Hill lebte, musste täglich eine Schicht im Bergbau absolvieren, um in der Stadt bleiben zu dürfen. Wenn Pro Hart Feierabend hatte, ging er in sein Studio, um seine Bergbaukollegen beim Mittagessen oder beim Kartenspiel zu malen. Nach und nach ersetzte er ihre

Gesichter durch Masken. Wer in Broken Hill lebte, diente lediglich als Werkzeug, das Erz aus dem Untergrund beförderte. Der Mensch dahinter schien unwichtig und austauschbar zu sein.

Ich stehe mit Wayne und seinen Freunden Matt und Lana vor einem Pro-Hart-Bild, als er mich nach meinen weiteren Plänen fragt. »Ich werde einen Zeltplatz suchen, denke ich.«

»Übernachte bei uns«, sagen seine Freunde sofort. »Du musst nicht allein sein.«

Ganz kurz sträube ich mich, gewöhne mich allmählich an das Alleinsein, doch sie sind so einladend, dass ich ihnen hinterherfahre.

Matt und Lana kommen aus Sydney und haben ein Haus in Broken Hill gekauft, das sie renovieren und dann vermieten möchten. In der Outbackstadt sind die Häuser noch bezahlbar. Matt fährt Ralleys in alten Autos quer durch die Welt, von Peking über Russland nach Paris.

In ihrem Garten beginnt die nächste Geisterepisode.

»Letzte Woche habe ich ein Grabkreuz in der Garage gefunden«, erzählt Wayne, als wir hinter ihrem Haus im Garten stehen.

Matt zeigt mir das Kreuz. *Died 2005* steht darauf.

Bevor ich darüber nachdenke, deute ich mit dem Zeigefinger auf eine Stelle im Garten, als ob ich etwas wisse, ahne, fühle.

»Dort«, sage ich deutlich und nicke, wie um das Wort zu unterstreichen, bevor ich den Arm fallen lasse und mich wundere, wie sicher ich mir bin.

Matt läuft hinüber und schlägt den Stil des Kreuzes in das Gras wie eine Lawinensonde, mit der man in den

Bergen Verschüttete aufspürt. Ein harter Klang ertönt. Das Kreuz geht nur wenige Zentimeter in den Boden. Matt hält inne, dreht sich nicht zu uns um, schlägt es nochmal in den Boden. Wieder ein Klang, wieder nur wenige Zentimeter. Da ist etwas. Wayne und Lana und ich stehen ganz still und schauen uns nicht an, während Matt um den Gegenstand, das Objekt, dieses Etwas herumstochert. Es ist rechteckig.

»Du hast es gefunden«, sagt er.

Beim Abendessen überlegen wir, was es sonst sein könnte. Ein Kühlschrank. Ein Tisch. Der Vollmond beleuchtet tatsächlich in dieser Nacht den Garten.

»Wollt ihr den Garten jetzt umgraben?«, fragt Lana.

Als wir an einer Ecke auf Zement stoßen, setzen wir uns ins Gras und trinken unser Bier leer.

»Das muss ein Grab sein«, sagt Matt.

Später kann ich kaum schlafen, der Vollmond, die Geister, die Hitze haben sich in den Backsteinen des Hauses festgesetzt. Erst am nächsten Morgen, mit dem Kaffee in der Hand und der Sonne im Garten, könnte das Grab auch eine einstige Zufahrt zum Haus gewesen sein. Oder das Fundament einer Hütte. Ich verabschiede mich, Matt schielt immer wieder in die Ecke, vielleicht wird er weitergraben, in einer anderen Vollmondnacht.

Als ich aus Broken Hill herausfahre und vor mir 300 Kilometer offene Straße und der riesige Horizont und die rote Erde liegen, sehe ich, wie sich die Schatten der weiß-flauschigen Bilderbuchwolken auf die Straßen legen und gemächlich in die Büsche ziehen. Wie das Gras zum Straßenrand grüner wird, wie grau die Büsche auf der roten Erde sind.

Ich schweife ab in Gedanken. Genieße die kleinen Gespräche der Alleinfahrenden, wenn die Entgegenkommenden grüßen und der LKW vor mir blinkt, damit ich überholen kann. Während ich schweife und fahre, steigt plötzlich unfassbares Glück in mir auf. Ich habe es geschafft. Ich habe mich in ein neues Abenteuer geschubst und wurde belohnt mit Geschichten, Ausblicken und Auseinandersetzungen. Ich habe gelacht, gelitten, mich ernst genommen und mich vor mir selbst zum Narren gemacht. Ich habe Geister gefunden und vertrieben.

Wachsen

Ich habe das Gefühl, ich muss schneller schreiben, nicht nur, weil ich vergesse, sondern weil ich befürchte, dem Gefühl zu entwachsen, wie es ist, sich nach einem anderen Ort zu sehnen, im selben Tempo, in dem meine Tochter wächst, sich dreht, robbt, krabbelt, hochzieht, die Welt mit ihren ersten Schritten entdeckt, und ich kaum mehr an dort, damals oder bald denke, sondern hier bin.

Sydney wiedererkennen

Bevor ich wieder in Sydney ankomme, hängt die Stadt in meinem Namen fest. Überall in Australien muss ich meinen Namen wiederholen, denn man versteht oft ihren. Sydney? Nein, Cin-dy. Im australischen Englisch laufen mein -ndy und ihr -ney auf das gleiche -i hinaus. Auf ein Gefühl der Verbundenheit. Ich gehe diesem Gefühl nach, lasse mich locken von der Stadt und buche mir ein Hostelbett in Bondi Beach.

Es ist schon dunkel und das Meer schwarz, als ich direkt nach meiner Ankunft zum Strand gehe und weiß, dass ich hoch zu den Klippen am Brighton Lookout muss, einem Erinnerungsplatz, wo ich auch die letzten Male saß, um traurig und glücklich zu sein, sehnend und präsent, zwischen Heim- und Fernweh. An diesem Platz peitschen die Wellen wild und gewaltig gegen die Klippen, als wäre ich weit draußen in der Natur, während mir die Stadt den Rücken stützt. In der Bucht leuchten die Lichter von Bondi.

Ich schreibe mein Tagebuch im Buchladen Gertrude & Alice, trinke einen Flat White inmitten von Büchern. Harriet setzt sich mit Patti Smiths *Just Kids* an meinen Tisch. Wir sprechen sofort über die richtigen Sachen: wie es ist, allein in einer Stadt anzukommen, von der man weiß, dass sie einem gefällt, aber die Leute fehlen. Von Abenden und Tagen allein, nur mit Buch und Wein oder mit Kaffee in Buchläden. Sie zog vor einem Jahr von London mit ihrem kanadischen Freund hierher.

»Ich muss mal wieder zurück nach London, um mich daran zu erinnern, wie wunderbar Sydney ist«, sagt sie.

Anfangs wusste sie in Sydney nicht viel mit sich anzufangen, verbrachte Stunden mit Lesen. Das kenne ich, das viele Lesen, die Alleinzeit.

Wir sprechen darüber, dass man auch mal mit sich selbst ausgehen und Geld ausgeben sollte: für Busfahrten zur anderen Seite der Stadt, für Bücher, für Restaurantbesuche.

Wir tauschen unsere Nummern aus, um uns bald in einer anderen Buchhandlung auf ein Glas Wein zu treffen.

Mir fehlen die Gespräche mit meinen Freundinnen in Deutschland. Abends rufe ich sie von einem der Holzpavillons am Strand an, wo es gratis Internet gibt. Wir reden über meine Zeit nach Sydney. Verena lädt mich nach Kopenhagen ein, Aline bietet mir ein freies WG-Zimmer in Berlin für einen Monat an. Jen schlägt vor, gemeinsam nach Leipzig zu gehen, und meint, ich solle mich nicht auf ein Bondi in Europa versteifen, sondern versuchen, an einem nicht so perfekten Ort meine Oasen zu finden. Es klingt desillusioniert, wir hatten weniger Kontakt die letzten Wochen. Sie zog mit Freund und Hund zusammen, ich bin immer noch unterwegs.

»Du wirst hier nicht vergessen«, sagt Jen noch. »Hier läuft der Alltag auch weiter.«

»Das Reisen ist zu meinem Alltag geworden«, sage ich.

»Ich glaube, du rennst vor was davon.«

»Vor was?«

»Es ist nur ein Gefühl«, sagt sie und fragt dann: »Was denkst du, was du auf Reisen findest, was du zuhause nicht finden kannst?«

Gerade, als wir dachten, wir seien uns fern geworden, stellt sie eine richtige Frage, bringt mich zum Nachdenken, und ich verspreche ihr, sie schreibend zu beantworten. Als ich auflege, bin ich noch ein bisschen verstimmt, dass sie mein Unterwegssein hinterfragt, sie, die wie ich auch nach einem wilden Leben, nach mehreren Leben strebt, und sehne mich nach einem gemeinsamen Abend zu zweit, einer Flasche Rosé, hier am Strand oder am Teehaus in Stuttgart. Irgendwo mit Weitblick.

Im Ampersand Buchladencafé in Paddington finde ich *Dear Sun,* ein Buch mit Briefen von Sunday Reed und Joy Hester. Die Briefe erzählen mir mehr vom Leben in Heide, dieser ehemaligen Künstleroase bei Melbourne, und während ich die Briefe auf Busfahrten durch Sydney lese, bringen sie mich vor und zurück, wo ich bin und wo ich war. Joy Hester zieht 1947 nach Sydney, wie Puzzleteile erinnert sie sich an einzelne Elemente von Heide. Ich sitze am Hafen der Lavender Bay und lese, wie Joy Hester in derselben Bucht saß und daran dachte, dass die Abende am Hafen so aussehen wie Heide im Nebel. Ich bin am richtigen Ort zur richtigen Zeit mit dem richtigen Buch.

Abends fange ich im Hostel ein Gespräch mit Sarah aus England über nicht reisende Freunde an. Das Thema lässt mich nicht los. Sarah hört auch nicht auf zu reisen, würde gerne eines Tages in Frankreich wohnen, war in Kalifornien, Sri Lanka, Indonesien und nun hier.

»Meine Freunde lassen sich auch langsam nieder und ziehen zusammen. Aber sie verstehen nicht, warum ich nochmal raus in die Welt will«, sagt sie.

Bondi fühlt sich nach einer Woche sehr vertraut an, ich sehe die gleichen Gesichter wieder, probiere verschiedene Sitzplätze in Gertrude & Alice aus, laufe auf unterschiedlichen

Wegen zum Strand, mal an den Surfshops auf der Campbell Parade vorbei, mal am Le Paris-Go Café. Dort setze ich mich für einen zweiten Frühstückskaffee hinein und schreibe auf, warum ich reise. Vor dem Fenster laufen Surfer mit ihren Brettern vorbei Richtung Strand. Am Nachmittag gehe ich schwimmen, als eine Sirene über den Strand und die Wellen schrillt. Ein Haialarm. Kaum jemand verlässt das Wasser. Glauben die Australier nicht mehr an Haie? 150 Meter lange Netze sollen Haie abhalten, in den Schwimmbereich zu gelangen. Daran glauben sie.

Ich treffe Harriet im Ampersand-Buchladen wieder, sie erzählt von ihrer Arbeit, der Miete, den neuen Mitbewohnern, fast so, als würden wir uns schon länger kennen. Der Kellner bringt mir den Flat White, bevor ich ihn bestelle, ich weiß nicht, ob es ein Versehen ist oder er mich vom letzten Mal noch kennt. Ich könnte mich in Sydney zuhause fühlen, denke ich. Ich nehme den Bus zurück und treffe Sarah. Während sie telefoniert, setzte ich mich auf einen Felsvorsprung nahe Tamarama Beach und atme die Meeresluft ein. Ich werde die restlichen drei Wochen in Bondi bleiben. Hier habe ich mein Buchladencafé, die Wellen, die Meerausblicke und zwei neue Freundinnen. Wir laufen bis nach Coggee, die Strände zwischendrin mit ihren Fish & Chips-Kiosks fühlen sich wie kleine Dörfer an, viel weiter weg von einer Großstadt als sie sind. Bondi ist mein perfekter Ort.

Ein weiterer Abend in Gertrude & Alice mit einer Tasse Chai. Ich lese in David Maloufs *A First Place* hinein, in dem er über Orte schreibt, die seine persönliche Heimatkarte kreieren. Seine Heimaträume. Immer wieder komme ich auf dieses

Thema zurück, obwohl es mich weit weg zieht. Ich versuche überall Heimatecken zu finden, mich überall wohl zu fühlen.

Der Zug nach Thirroul, ein Städtchen am Strand, schlängelt sich durch die Bäume und Palmen des Royal National Parks, und hinter Oxford und einem Tunnel taucht das Meer zur linken Seite auf, so tiefwasserfarbenblau wie der Himmel. Draußen ist es sehr heiß, ich schleiche umher, von einer Boutique zu einem Surfercafé mit weißen Kacheln im Stil eines Fish & Chips-Shops und zu einem Laden mit alten Fahrradreifen, Australien-Sonnenschirmen und großen Clownsgesichtern. Hinter Thirroul erhebt sich eine grüne Hügelkette, der englische Schriftsteller D. H. Lawrence schrieb hier 1922 sein Buch *Kangaroo*. Die Hitze erschöpft mich, brennt mir jegliche Neugier weg, ich stelle mich mit den Füßen ins Wasser und mache Doppelbelichtungen. Als wäre der Himmel ins Meer gefallen.

Die Holzpavillons am Meer werden zu meinem Rückzugsort. Der Regen und das Meer machen die Tagebuchseiten weich und feucht. Surfer sind in schwarzen Neoprenanzügen im Meer, die Wellen ganz groß. Um hier zu bleiben, müsste ich mich endlich entscheiden. Die Freiheit aufgeben, hier nur auf Zeit sein zu können. Fern der Heimat bleiben. Mir vor Ort einen richtigen Alltag etablieren. Einen Job finden, mit dem ich genug Geld verdiene, um mir eine Wohnung, Restaurantbesuche, ein Leben hier zu leisten. Ist Freiheit nicht der Moment vor der Entscheidung? Davor liegen alle Möglichkeiten, ich kann weiterziehen, wann und wohin ich möchte, ich kann sehnen und jeder Sehnsucht nachgehen. Das Hostelleben erlaubt diese Freiheit, es ist günstig, schnell kündbar. Nur kann man in einem Mehrbettzimmer keine Tür hinter sich schließen und für sich sein.

Ich fotografiere die Häuser und Gärten anderer, während ich durch Bondi spaziere. Am liebsten die mit bunten Briefkästen oder Palmen neben den Gartenzäunen. Manche Häuser sieht man kaum hinter den üppigen Büschen, ich stelle mir vor, wie so ein Leben wäre, mit den Sonnenlichtstreifen hinter den Jalousien, die sich auf den Küchenboden legen, dem Meer vor der Haustür, wo ich jeden Morgen am Strand spazieren würde, einer Veranda mit Palme, wo ich dem Treiben auf der Straße zuschauen könnte, sicherlich irritiert, würde jemand mein Zuhause fotografieren.

Den letzten Sonntag setze ich mich nochmal in Bewegung, kaufe mir ein Tagesticket für Bus und Bahn und fahre von Bondi Junction los. Als ich nach Kings Cross, Newton, weiter nach Glebe und über die Harbour Bridge nach Milsons Point und zurück über Surry Hills und Paddington fahre, fällt mir ein, wie viele Geschichten ich schon auf Sydneys Boden erlebt habe.

Die Stadt bedeutet mir etwas. So wie einem jede Stadt etwas bedeutet, die man in verschiedenen Phasen seines Lebens besucht hat. Man denkt, man hat sich verändert, und dann zeigt sie einem, dass man immer noch das gleiche mag: Buchhandlungen, Strände, kleine Hostels. Man glaubt, die Stadt hat sich verändert, und dann bleibt man immer wieder stehen, als würde man eine Szene von damals betreten, als das jüngere Ich im Botanical Garden Geburtstag mit Erdbeerpuddingkuchen feierte, in Kings Cross Flyer für kostenloses Internet neben Prostituierten verteilte, einmal vom Bradfield Park und einmal vom Observatorium das

Silvesterfeuerwerk anschaute, was das noch jüngere Ich die Jahre zuvor im Fernsehen angeschaut hatte. Szenen überschreiben sich, immer eine Fährfahrt nach Manly mit Blick auf das Opera House, immer ein paar Minuten auf der Steinbank von Mrs Macquarie, der Frau des damaligen Gouverneurs von New South Wales, die dort in den 1820er-Jahren saß und zuschaute, wie Schiffe aus Großbritannien in den Hafen einfuhren, immer der Küstenspaziergang von Bondi nach Coogee, immer Gertrude & Alice. Meine persönliche Stadtkarte, Spuren, die nur ich wiedererkenne, die sich manchmal mit anderen kreuzen.

Und immer Brighton Lookout. Auch am letzten Abend. Ben Buckler heißt dieser nördliche Zipfel von Bondi, benannt nach einem Sträfling, der um 1810 mit Indigenen zusammenlebte und starb, als der Fels unter ihm nachgab. Vielleicht war Ben Buckler aber auch ein Bushranger, der sich nach einem abenteuerlichen Leben in einer Felshöhle hier niederließ. Jeder Ort hat viele Geschichten.

Von hier oben bekommt man einen Überblick: auf das Aufwühlende, Ruhige, Feste. Die Wellen, die Pfützen, die Felsen. Auch das Unendliche hat einen Horizont. Ich lese weiter in *Dear Sun:* »And I gaze at my Ben Buckler with far off sea eyes and try to picture the man who had such a lovely name. I do not know... whether it's the beauty of Ben Buckler's point and its jaggard rocks gaping seawards or whether it's the romance of the man himself – it's both«, und ich komme nicht umhin, dasselbe über Australien und meine Vorstellung von Australien zu denken: Ist es die Schönheit Australiens oder die romantische Idee von Australien, in die ich mich verliebte?

Landschaftsformen

Ich liebe die offenen Landschaften, doch im ersten Sommer meiner Tochter fühlte ich mich am wohlsten unter dem Blätterdach des schwedischen Waldes, wo es ruhig und moosgrün war. Auch sie beruhigte sich dort, schaute umher und ich versuchte zu sehen, was sie vielleicht sah: die Sonne, die Licht und Schatten mit den Bäumen spielte, die kleinen Blätter, die sich leicht bewegten. Verändern sich unsere Vorlieben für Landschaftsformen, mögen wir andere Landschaften in anderen Lebensphasen?

Ich habe vergessen, wie die Wüste ist.

Die Wüste an der B168

In Brandenburg soll es eine Wüste geben. Lieberoser Heide heißt sie, knapp zwei Stunden Autofahrt von unserer Berliner Wohnung entfernt. Ein Entdecker Australiens soll auch aus der Gegend kommen. Ich wähle einen heißen Spätsommertag, an dem wir die B168 gen Süden fahren, um dem Wüstengefühl die größte Chance einzuräumen, um Australien nach sechs Jahren Fernsein zu wecken.

Statt in die leere Weite schauen wir auf Kiefern und Birken. Um ihre Stämme windet sich der märkische Sand, dazwischen Distelgewächse und lilafarbene Heidebüsche. Der Sand in Berlin und Brandenburg ist hell und weich, entstand während der Eiszeit, als ein Gletscher das Gestein unter sich in feine Körner zerrieb. Der Sand im australischen Outback ist rot und scheint oft fest zu sein, wird vom Wind zerrieben und weiter getragen.

Sandwege verschwinden zwischen den Kiefern, und ich gebe mich kurz der Illusion hin, sie entlang zu fahren, an deren Ende ein Zelt aufzuschlagen – wäre da nicht die Gefahr, auf Munition zu stoßen. Die Lieberoser Wüste entstand durch einen großen Waldbrand und wurde dann im Zweiten Weltkrieg von der Waffen-SS und später von der sowjetischen Armee bis 1994 als Truppenübungsplatz genutzt. Die Fläche blieb verwüstet, und hat erst seit einigen Jahren die Gelegenheit, sich wieder zu erholen. Die Wüste wird langsam zur Steppe, könnte gar wieder zum Wald werden, wie die Infotafeln auf dem ehemaligen Hubschrauberlandeplatz andeuten. Fünf Quadratkilometer nimmt die Wüste in der 255 Quadratkilometer großen Heide ein.

Das ist natürlich nicht das Outback, die Gefahr lauert nicht in der Distanz, im Verlorengehen, in der Hitze, fehlendem Wasser, giftigen Schlangen. Die Freiheit liegt nicht in der Weite, im Drauflosfahren. Doch die Mittagssonne brennt heiß auf meine schwarze Hose, lässt mich daran denken, wie ermüdend die Tage im Outback auch immer waren, immer Schatten suchend, Wasser trinkend, schwummrig fühlend, nie ganz wach.

»Ich bin neugierig, darf ich fragen, woher Sie kommen, hat Ihnen jemand diesen Ort empfohlen?«, fragt ein Brandenburger auf dem Parkplatz und mir fällt nicht mehr ein als: »Berlin, und Sie?«

»Gebürtiger Lieberoser«, sagt er und schaut mich an, als erwarte er mehr Fragen. Doch da ist sie, die Wüstenmüdigkeit. Als läge mir die leere Landschaft schwer auf der Zunge.

In der Nähe befinden sich weitere Australienspuren: In Trebatsch ein großes Wandbild mit der Regenbogenschlange und dem Uluru, vor dem Museum ein Holzpfahl mit australischen Tieren, im Schwielochsee eine Glasskulptur mit Tagebuchauszügen einer Outbackexpedition, zwischen Trebatsch und Cottbus echte Kängurus auf einem Campingplatz und als schwarze Symbole auf den gelben Wander- und Radwegschildern. Überall der Name Ludwig Leichhardts, ein Gymnasium, eine Brücke und eine Allee in Cottbus heißen so, eine Straße in Berlin, eine Dahlie im Ostdeutschen Rosengarten Forst in der Lausitz, ein Museum in Trebatsch, seinem Geburtsort.

Ludwig Leichhardt war ein Australienentdecker, 1813 geboren, 1848 im australischen Outback verschollen und wohl auch gestorben. Von Trebatsch brach er als 18-Jähriger auf, studierte Naturwissenschaften und Medizin in Berlin und Göttingen, reiste nach England, Italien, Frankreich und in die Schweiz, sammelte immerzu Steine, Muscheln, Pflanzen und Bücher. Er begann, von einem noch unentdeckten Land zu träumen, das er als »interprete naturae« erkunden wollte, er begann, von Australien zu träumen: »Während sich so die Küsten von Neuholland allmählich beleben, ruht das Innere noch in völligem Dunkel (…) Dieses Innere, dieser Kern der dunklen Masse ist mein Ziel, und ich werde nicht eher nachlassen, als bis ich es erreiche.«

1842 segelte er nach Sydney.

In Trebatsch befindet sich das Ein-Zimmer-Museum über Ludwig Leichhardt. Im Bücherregal steht eine alte DDR-Reclam-Ausgabe von *Voß* des australischen Schriftstellers und Literaturnobelpreisträgers Patrick White, der sich von der Geschichte Leichhardts zu einem Roman inspirieren ließ, in den Schaukästen befinden sich Fotos von Ludwig Leichhardt, seinen Reisegefährten, der australischen Landschaft. Daneben ein Stück Rinde von einer Papierbirke, ein Fernrohr, Kopien von Tagebuchseiten und Landkarten. Leichhardt ist in Deutschland außerhalb dieser Gegend kaum bekannt.

»In Australien findet man Ludwig Leichhardt überall«, sagt Jörg, Ortsvorsteher, der mich durch den Raum führt, und meint damit: einen Highway, eine Gebirgskette, einen Fluss und Stadtteile, die nach Leichhardt benannt wurden. Auch ein Hasenkänguru, ein Grashüpfer und eine Biene tragen seinen Namen. Ludwig Leichhardt selbst wurde nie gefunden. Er verschwand spurlos während seiner dritten Expedition.

Auf seiner ersten Expedition ab 1844 gelang ihm eine Ost-Nord-Route von Brisbane nach Port Essington im Northern Territory. In seinem Tagebuch notierte er geografische und geologische Entdeckungen, die Tiere und Pflanzen, die er fand, das Wetter und Klima, die Lebensweise der Indigenen. Mit einer zweiten Expedition ab 1846 wollte er das Land von Osten nach Westen queren, durch das von ihm ersehnte Innere. Er brach die zweite Expedition nach acht Monaten ab, da die Mannschaft erkrankte und der Regen nicht nachließ. 1848 machte er sich auf der dritten Expedition auf denselben Weg, Darling Downs, Mount Abundance, Macpherson's Station. Nach nur zwei Monaten verlor sich am letzten Ort die Spur der gesamten Expeditionsmannschaft.

Die australische Regierung schickte neue Expeditionen los, die nach dem Preußen suchten, sie fanden einen Baum mit einem eingeritzten L, eine Hütte, ein indigener Australier entdeckte eine Kupferplatte mit Gravur von Ludwig Leichhardts Namen bei Sturt Creek in Westaustralien. Wenn der Fundort tatsächlich mit einer von Leichhardts letzten Stationen übereinstimmt, hatte er das Innere Australiens wenigstens noch erlebt.

Zwischen Trebatsch und Zaue führt eine Straße durch einen Kiefernwald, vorbei an Feldern, und es fällt mir schwer, mir vorzustellen, wie der Australienentdecker dieselbe Strecke zwischen seiner Schule und seinem Zuhause vor über 200 Jahren zu Fuß ging, als hier noch nichts asphaltiert war, als er selbst noch nichts davon ahnte, eines Tages in einer viel trockeneren, heißeren Welt zu Fuß unterwegs zu sein.

Die kurze Distanz zwischen der Lieberoser Wüste und Leichhardts Geburtsort ist natürlich rein zufälliger Natur, die Verknüpfung eine gewollte. Als Leichhardt zur Schule ging, gab es die Lieberoser Wüste noch nicht. Die Gegend südöstlich seines Geburtsortes verwandelte sich zu dieser Zeit langsam in eine Heidelandschaft, da mehr Kiefern gefällt wurden als nachwuchsen. Niemand dachte damals an Australien. Man kann jeden Ort und jede Region auf etliche Arten lesen, historisch, geografisch, geologisch, literarisch, persönlich, emotional. Dabei verknüpfen, was zusammen passen könnte. Jörg spricht vom Leichhardt-Land, der Tourismusverband bezeichnet es als Wasserreich Brandenburgs, ich würde es Klein-Australien nennen.

Auf dem Plankenweg bleibt das Paar vor mir stehen. Hinter ihnen sind der Himmel und das Meer noch grau. Uns hat soeben wieder ein zweiminütiger Regenfall erwischt. Nicht der erste, und es wird auch nicht der letzte heute sein. Ich sehe, wie der Mann in den Busch hinein fotografiert und greife vorsichtshalber auch nach meiner Kamera. Sie sagen nichts, grinsen nur. Zwei Kängurus hocken leicht gebeugt vor einem Strauch, bereit, jederzeit davonzuspringen. Nur ihre Kiefer kauen und ihre Pupillen bewegen sich schnell. »Wie dick sie ist, sie muss einen Joey haben«, sagt die Frau leise. Die Dicke dreht sich leicht, und ganz kurz sehe ich, wie eine feuchtglänzende, pinke Schnauze aus dem Beutel spickt. Dann hüpfen sie davon, in großen Weitsprüngen, und der Regen beginnt erneut.

Vor ein paar Tagen flog ich von Sydney zurück nach Brisbane, hatte noch eine Woche Zeit vor meinem Rückreise nach Deutschland. Entschied mich für einen Inseltag, einen Tag raus aus der Stadt. Es gibt die Fluchtwege aus der Stadt gen Westen ins Outback und gen Osten zur Küste. Ich kannte schon ein paar Orte, hörte mich noch einmal um, wo ich in der Natur sein könnte, auf das Meer starrend, ohne stundenlang in einem Stau Richtung Süden oder Norden zu stecken. Die Gold Coast war der erste Vorschlag: »Da kannst du surfen gehen und am Abend feiern.« Feiern klang nicht nach Tiere beobachten am Strand, aber genau danach war mir. Sunshine Coast folgte sofort: »Das ist abgelegener, du findest viele kleine Strände auf dem Weg nach Noosa.« Aber auch ein paar Hochhäuser. Ich suchte wilde Tiere, weite Strände und vielleicht ein kleines Dörfchen. Und erinnerte mich wieder an diese Insel, zu der man mit dem Zug und auf einer Fähre gelangt. Das musste mein Ziel sein.

Und so saß ich dann um 11 Uhr auf dem Deck der North-Stradbroke-Island-Autofähre. Ganz vorne auf den weißen Bänken fühlte sich das Aufbruchgefühl am größten an, der Wind flatterte mir stark ins Gesicht und wir bewegten uns der Insel entgegen. Zwischendrin verlangsamte die Fähre das Tempo, kleine grünblaue Wellen um uns herum. Allradfahrzeuge standen auf der Ladefläche. Auf ihren Dächern waren Zelte festgeschnürt, oder Surfbretter. North Stradbroke Island ist mit einer Länge von 38 Kilometern und 12 Kilometern Breite die zweitgrößte Sandinsel der Welt. Nur Fraser Island weiter nördlich ist größer. »Wir haben das Ziel erreicht. Bitte zurück zu den Fahrzeugen«, sagte der Kapitän durch die Lautsprecher. Wir hatten Stradbroke Island erreicht. Brisbane war schon lange außer Sichtweite. Meine kleine Inselflucht konnte beginnen.

Es gibt zwei Busse auf der Insel. Der eine verbindet das Hafendorf Dunwich mit dem Point Lookout auf der anderen Seite der Insel, und der zweite sammelt die Busgäste von Bus 1 an einer Gabelung mitten auf der Insel ein und bringt sie zum Fischerdörfchen Amity. Wenn man nur einen Tag auf der Insel verbringt, muss man ein bisschen Bus-Tetris mit den Zeiten spielen, um alles unter einen Hut zu bekommen. Ich fahre zuerst zum Point Lookout. »Der ist genauso weit weg von Dunwich wie Dunwich vom Festland entfernt ist«, sagt der erste Busfahrer. An manchen Tagen nimmt er Päckchen von einem Dörfchen ins nächste mit.

Frühmorgens und nachmittags wird er zum Schulbusfahrer und fährt die Kinder nach Dunwich. Bis zur sechsten Klasse gehen sie auf die inseleigene Schule, die Älteren nehmen die Fähre aufs Festland zu den höheren Schulen.

»Viele Leute arbeiten in Cleveland, wohnen aber auf Straddie.« Straddie, so nennen die Einheimischen und auch ihre Besucher die Insel liebevoll. Für das indigene Quandamooka-Volk wird sie immer Minjerribah heißen, die Insel in der Sonne. Langsam schafft sich dieser Name seinen Platz, in Zeitungsartikeln und auf der Queensland-Government-Website steht er mittlerweile an erster Stelle, gefolgt von North Stradbroke Island in einer Klammer. Offiziell wird 2021 erst Australiens größte Sandinsel zurück benannt werden, aus Fraser Island wird K'gari werden, was Paradies in der Sprache des Butchulla-Volkes bedeutet.

Von der Bushaltestelle am Point Lookout beginnt sofort der North Gorge Walk, nur 1,5 Kilometer lang. Auf dem Bretterweg zwischen den Bäumen steht die heiße Luft nach dem Regen, der die Kängurus in die eine Richtung und uns Richtung Bäume schickte, um uns unterzustellen. Über dem Meer rast allerdings schon der nächste Regenschleier heran. Typisches Sommerwetter in Queensland. Mal unerträgliche, schwüle Hitze, dann ein kurzer, heftiger Regenschauer. Schildkröten kann man hier manchmal beobachten, und zwischen Juni und November ist dies eine der besten Stellen an der Ostküste, um die Buckelwale vorbeiziehen zu sehen.

»Kommen viele Leute von Brisbane hierher?«, frage ich die Kellnerin des Fishes at the Point später, als ich mir einen Kaffee nach dem Wellen- und Kängurugucken gönne.

»Oh ja, die meisten sind von Brisbane. Es ist so nah«, sagt sie. Aber ist die Gold Coast nicht auch nah? »Aber hier ist es nicht so hektisch – du kannst die wunderschönen Strände manchmal ganz für dich alleine haben.«

Hochhäuser habe ich hier auch noch nicht gesehen. Dafür viele Zeltplätze, auf denen die Chance hoch ist, einen Platz in der ersten Reihe mit Strand- und Meerblick zu erwischen. Hotels, Ferienwohnungen und ein Hostel gibt es außerdem. Am Point Lookout kann man sich auch wunderbar mit einem Pie von der Bäckerei auf die Wiese vor dem Meer setzen. Dort liegt die Traumkulisse vor mir: zur Linken der Frenchman's Beach, der sich im Halbmond an die Küste schmiegt. Geradeaus: das weite Meer in all seinen blauen, grünen und weißen Farben, wie ich sie noch nie zuvor gesehen habe, und kleinen und großen Wellen, die zum Strand rollen. Minjerribah könnte die Königsinsel der Wasserfarben sein.

Der Zeitplan meines Bus-Tetris ruft. Ich steige ein in Bus 1, werde an einer Kreuzung abgesetzt und kurz darauf steht Bus 2 auf der anderen Straßenseite: ein weißer Van mit Matthew, dem Busfahrer. Ich bin die Einzige heute Nachmittag, die nach Amity möchte. Im Dezember und Januar sieht das wohl anders aus, genauso wie zu Ostern: da ist Hochsaison, und die Busse sind übervoll. Matthew gefällt sein Job als Busfahrer. »Ich fahre sechsmal am Tag, und zwischendurch bastle ich an den Bussen oder gehe surfen. Ist ein ziemlich tolles Leben hier.« Im Rückspiegel sehe ich nur seine blonden Surferhaare und seine Sonnenbrille, während er von Straddie schwärmt. Als Kind kam er oft mit seinen Eltern von der Sunshine Coast, wo sie lebten, nach

Straddie in den Ferien. Vor sieben Monaten zog er hierher. »Jetzt gehe ich kaum noch rüber aufs Festland, wenn ich nicht muss. Ich bleibe lieber hier und erkunde die Insel mit meinem Motorrad.« Er erzählt mir von dem Buschfeuer Anfang letzten Jahres, als 60 Prozent der Vegetation zerstört wurden. Auch viele Tiere wurden dadurch getötet, vor allem Koalas, die in Australien seit 2012 als gefährdete Tierart gelten. In Matthews Garten scheint es noch einige zu geben. »Am Morgen spielen wir immer Wer-findet-den-Koala im Garten,« erzählt er mir und lacht. »Wir haben nur vier Bäume im Garten, aber wir sehen jeden Morgen einen.«

Im Fischerdörfchen Amity lässt mich Matthew an einem Zeltplatz raus. Diese Ortschaft ist der kleinere, unscheinbare Zipfel der Insel. Das Meer ist ruhig. Perfekt zum Schnorcheln oder Schwimmen. Ein Steg führt neben dem Badebereich hinaus, der durch ein Hainetz geschützt ist. An dessen Ende ist eine Familie, die ihr Abendessen angelt. Sie sind aus Brisbane, kommen immer wieder in den Ferien hierher. Weil es ruhiger ist als an den stadtnahen Stränden auf dem Festland, sagen sie. Der Sohn, ebenfalls ein Matthew, möchte hier surfen lernen. Der Wechsel aus Sonne und Regen zaubert einen Regenbogen über die Zeltspitzen. Ein Pelikan schaukelt auf dem Wasser, ein Fischerboot wird reingezogen. Es ist schon später Nachmittag. Die richtige Zeit für Delfine, hatte mir der Busfahrer Matthew erzählt. Und tatsächlich: auf einmal tauchen in aller Seelenruhe zwei Delfine auf und wieder ab. Entspannt gleiten sie durch das Wasser am Steg vorbei, nur etwa drei Meter von mir entfernt, und pusten ein Delfinhallo durch ihr Blasloch.

Auf dem Rückweg zeigt mir Matthew noch kurz die andere Seite des Dorfes, wo der Flinders Beach losgeht. »Das nächste Mal musst du mit einem Allradfahrzeug herkommen!«, sagt er und schmiedet bereits einen Plan für meine Rückkehr. Dann werde ich von Amity den Strand entlang bis zum Point Lookout fahren, dort kurz zurück auf die Straße, am North Gorge Walk vorbeifahren und wieder auf den Sand, wo ich die 32 Kilometer des Mile Beach bis zum südlichen Zipfel herunterfahren kann. Dort kann man auch wild zelten. Und es soll noch verlassener und noch schöner sein. Ich überlege, was ich alles auf das Dach meines Allradfahrzeugs packen werde, dann fällt mir wieder ein, dass ich es auf unbestimmte Zeit verschieben muss. In vier Tagen geht mein Rückflug.

Seit Monaten laufe ich in unserem Kiez im Kreis, schiebe den Kinderwagen vorbei an vierstöckigen Altbauten, Ahornbäumen, dem Trödelladen, dem kleinen Park, dem Blumenladen, an anderen Müttern und Vätern, die mit ihren Kinderwagen ebensolche Kreise ziehen. Je mehr ich grüße, je mehr ich bemerke, was ist und sich ändert, desto mehr fühle ich mich zuhause. Routiniert. Und doch komme ich nicht umhin, mich fern zu hören, stolpere auf den geheimen Wegen der Algorithmen und meines unkündbaren Australien-Abonnements über mother/other, einen Podcast über Mutterschaft. Ich merke, wie Amy jede Folge mit den gleichen Worten einleitet: »This podcast is recorded and produced on Darkinjung Country. We pay our respects to the traditional custodians and mothers of the land on which we work and live.« Diese Art der Anerkennung und des Respektzollens gegenüber den indigenen Völkern Australiens ist mir neu.

In der nächsten Schlafphase zuhause schleiche ich mich über knarzende Dielen vom Babybett zum Schreibtisch und klicke auf Websites von australischen Fotografinnen und Museen. Überall finde ich eine Variation dieser Worte. Die Fotografin Elize Strydom arbeitet »on Bundjalung country«, die Fotografin Katrin Koenning lebt und arbeitet »on unceded Wurundjeri Woi Wurrung Country.« Klicke auf die Website des Brisbane Museum: »Museum of Brisbane respectfully acknowledges the Traditional Custodians of Brisbane and surrounding areas, the Yaggera, Turrabul, Yuggarrapul, Jinabara, Quandamooka and neighbouring clan groups.«

Überall, wohin ich Richtung Australien schaue und höre, tauchen plötzlich die indigenen Bezeichnungen von Orten auf, sie klingen noch ungewohnt in meinem Ohr, doch sie wiederholen sich, zu Beginn von Veranstaltungen, in der Fußzeile von Websites, in Instagram-Profilen, in Podcast-Folgen. Es sind nicht nur die Ortsbezeichnungen, die sich ändern. Es ist das Wiederholen einer Aussage, dass Australien kein Niemandsland war, es ist die Anerkennung, dass Aboriginal peoples zuerst auf diesem Kontinent lebten. Das Acknowledgement of Country wird bereits im Kindergarten gelehrt.

»Darkinjung Country«, probiere ich leise Amys Worte aus, als ich wieder den Kinderwagen aus der Haustür schiebe. Aus dem Blumenladen wird ein Café, im Trödel kaufen wir einen Hocker, im Park rutschen wir, ich grüße andere Eltern und Kinder, auf dem Rückweg fällt mir wieder Brisbanes indigener Name ein, Meanjin.

Und wenn die Ortsnamen geübt, die Geschichtsschreibung geändert ist, was dann? 2017 fand das Uluru Statement of the Heart statt. Es gab zwei Forderungen: eine indigene Stimme im Parlament und eine Richtigstellung ihrer Geschichte. Fünf Jahre später, in denen immer öfter das Acknowledgement of Country gesagt und geschrieben wurde, in denen Bergbauunternehmen immer noch Projekte planen, die heilige Orte zerstören, soll über eine indigene Stimme im Parlament abgestimmt werden.

Ich laufe nach Hause, im Ohr eine australische Tonspur auf Berliner Kopfsteinpflaster.

Die letzten Stunden möchte ich mit Bedeutung aufladen, möchte alles anschauen, sehen und erinnern, und so laufe ich noch einmal hoch zum Highgate Hill Park, vorbei an dem Häuschen mit den weißen, verzierten Stühlen, die ich einst fotografiert habe. Setze mich vor das Parkhäuschen, während unter mir die Stadt funkelt und sich das Riesenrad dreht. Ich habe noch ein Stück Pizza übrig, auf den Karton haben sie Sydney statt Cindy geschrieben. Ich möchte, dass alles etwas bedeutet, die insgesamt zweieinhalb Jahre, meine Erfahrungen hier.

Haben nicht viele solch einen Ort, wo man sich das erste Mal frei und angekommen fühlte, unabhängig und erwachsen, abseits der eigentlichen Heimat? Einen Ort, an dem man nicht dazugehört, und man genau darin die Freiheit erfährt. Wo man die Sprache nicht perfekt kann, die Wörter, die man nicht versteht, mit der Fantasie ersetzt und so das Land für sich interpretiert. Einen Ort auf Zeit. Den man auflädt mit Vorstellungen, wie es wäre, hier zu wohnen, um dann doch weiterzuziehen, sich nicht niederlässt, in der Nichtzugehörigkeit seine eigene Version des Landes erträumt und erfährt.

Auflösung im See

Ich schwimme wohl ein letztes Mal diesen Sommer im See. Rechts das Strandbad, links die Bäume, die sich über das Wasser beugen. Soeben saß ich noch am Schreibtisch, schrieb über Australien, zehn Minuten später schließe ich mein Fahrrad am Zaun an, binde den Haustürschlüssel an meinen Bikini, lege Kleid und Handtuch auf die Mauer und gleite ins Wasser. Ich schwimme, bis meine Gedanken abdriften, tauche einen Atemzug unter, wo es still ist. Mir fällt auf, schon öfter bin ich hier im See als in der Lagune in Brisbane geschwommen. Können sich Orte ablösen? Schon öfter bin ich Ringbahn rund um die Stadt als mit dem Bus über die Victoria Bridge gefahren; habe öfters *Die Zeit* aus dem Briefkasten als *The Weekend Australian* aus dem Gebüsch geholt; war fast so oft an der Ostsee wie am Pazifischen Ozean.

Im Wasser ist wenig los, ich drehe mich auf den Rücken, ohne zu befürchten, mit jemandem zusammenzustoßen. Über mir Himmel, eingerahmt von Baumwipfeln. Im Meer liegen die Rahmen von Horizont und Strand oft außerhalb des Sichtfeldes.

Für einen kurzen Moment, wenn ich hier bin und an dort denke, überlappen sich die Orte und lösen sich auf. Ich befinde mich weder an dem fernen Ort, an den ich denke, noch gedanklich an dem nahen Ort, wo ich bin. Ich denke an das salzige Wasser des Pazifischen Ozeans und schmecke Süßwasser. Erst als ich mich umschaue, rechts grüne Sonnenschirme am Strand, links Hängematten zwischen den Bäumen, verflüchtigt sich die Ferne und ich bin wieder nah.

Meine Bewegungen bleiben immer gleich.

Rückflug

Halb um die Welt, schon wieder; Wolken ziehen wie Kamele über das australische Outback, und jedes Mal, wenn ich aus dem Fenster schaue, hat sich die Landschaft verändert und ist röter geworden. Fern: Es könnte das Meer sein, leicht wellig und fließend, nur in rotbraun. Nah: Es könnte Schlangenhaut sein, voller Muster im selben Farbton. Es dauert lange, um Australien zu verlassen, mindestens einen halben Tag. Und dann kommt wirklich das Meer, und ich schlafe.

Ankunft

Da unten so weiß wie es zuvor rot war, mit dunklen statt weißen Straßenlinien. Der Sand und der Schnee sehen so friedlich von oben aus, so unnahbar, als wäre es weder zu heiß noch zu kalt. Die gleichen Wolkenkamele ziehen auch hier entlang, und als wir auf dem Winterboden aufsetzen, bin ich erleichtert, wie schön Deutschland aussieht. Aus dem S-Bahn-Fenster der tiefblaue Himmel über dem weiten Schneefeld, und da stehen Rehe, ganz still, bevor sie weiterspringen.

Ich schneide die Mangos in Würfel, stülpe die Schale um, wir reißen die Quadrate mit den Fingern ab. Ich gebe meiner Tochter den Kern zum Abnagen. Das Fruchtfleisch am Kern ist immer das Süßeste, und bei besonders süßen Mangos möchte ich ihr sagen: wie in Australien. Lass es aber. Für sie werden Mangos nicht nach Australien schmecken, wenn dann nach unserer Berliner Küche, wo wir mit klebrigen Fingern saßen, draußen die Taube auf dem Fensterbrett, und sie lernte, Mango zu essen und nach mehr zu fragen.

So bleiben Alltagsgewohnheiten, manche gebe ich weiter, schneide also Mangos in Würfel, pochiere am Wochenende Eier, backe Bananenbrot, andere behalte ich, reibe Eukalyptusöl gegen Flecken auf Buchcover und atme es gegen Erkältungsanfänge ein, wundere mich, dass der Flat White in Deutschland mit zwei Espressi und nicht wie in Australien mit einem Espresso gemacht wird, wieder andere machen mich kurz orientierungslos, wenn ich vor dem Einsteigen in ein Auto durch die Rückscheibe schaue, um zu erkennen, auf welcher Seite das Lenkrad ist, den Blinker immer noch mit dem Scheibenwischer verwechsle und dann stets Lenkrad drehend, wischend und blinkend abbiegen. Auch das Englisch ist manchmal noch schneller als ich mich verorten kann, *aperture, shutter, power nap, landmark, vast, dizzy, no worries, a trip down memory lane,* und verliert seine deutsche Übersetzung auf dem Weg.

Sandspuren

Anschauen genügt nicht mehr. Ich kann mir noch so viel vorstellen, ich möchte es wieder spüren. Ich versuche den Deckel aufzudrehen, doch er bleibt fest auf dem Glas mit dem Outbacksand. Ich muss es aufkriegen. Nichts bewegt sich, als hätte ich den Sand wirklich eingekocht. Als würde ein Flaschengeist von innen dagegenhalten, denke ich noch, als es plötzlich ohne Geräusch und Mühe aufgeht. Ich stecke meinen Zeigefinger hinein, sofort feiner roter Sand um meinen Nagel und in den Hautrillen, als hätte ich Heringe aus dem australischen Wüstenboden gezogen oder das Zelt zusammengefaltet. Ich tunke meine Finger in Wasser, dann in den Sand, als hätte es über Nacht geregnet, die nassen, rotbraunen Sandkörner werden überall kleben bleiben. Bevor sie trocknen und davon rieseln, schreibe ich *Australien,* und schütte sie zurück ins Glas.

COOMBAH
ROADHOUSE
OPEN 7 DAYS
Mogas
REGIONAL
ANNEXE

Coca-Cola
as it should be.
FUEL
FOOD
DRINKS
Mogas
REGIONAL
UNLEADED
145.9
DIESEL
150.9
Shop • EFTPOS

Danke

Danke an alle, die mit mir reisten, vor Ort und aus der Ferne. Danke, Marianna und Johannes, dass ihr meinem Traum von einem Australienbuch mit viel Hingabe, Zeit, Fingerspitzengefühl und den richtigen Anmerkungen die schönste Form gebt. Danke, Katharina, für das aufmerksame Lektorat. Dank an Jen für die stete Erinnerung, weiter zu schreiben und zu fotografieren, deine unerlässliche Hilfe als Erstleserin und für's Dasein. Danke, Mama und Papa, dass ihr mich immer reisen ließt und mich in all meinen Ideen unterstützt habt, heute weiß ich umso mehr, wie besonders und wertvoll das ist. Danke, Toni, für Besuch und Begeisterung, Omi, fürs Lesen und Nachfragen und Frank, für den Wandteppich, der doch aus Indien kommt, die Neugierde auf die Ferne übermittelte er allemal. Thank you Joe, Suzanne and Joe for being my Australian home. Danke, Oliver, Sven und Julia, für die wichtigen ersten Möglichkeiten, meine australischen Artikel und Fotos zu zeigen. Danke, Verena und Diraj, fürs Sehen und Ermutigen. Und liebsten Dank an Alex und Livia für die Schreibzeit sechs Treppenstufen entfernt, wo ich weg und gleichzeitig bei euch sein konnte.

Australienlese

Am liebsten reise ich mit Büchern, deren Geschichten dort stattfinden, wo ich unterwegs bin. Lesend reisen und reisend lesen öffnet Seiten und Augen: Bücher haben Reiserouten inspiriert, mich die Fremde klarer sehen lassen und mich auf Besonderes und Alltägliches aufmerksam gemacht.

Im Folgenden liste ich Bücher auf, die mir Australien näher brachten. Manche las ich zuhause, wenn das Fernweh besonders stark war. Andere las ich vor Ort, um tiefere Einblicke zu gewinnen oder Australiens Geschichte besser zu verstehen.

ASH, ROMY: *Floundering.* Melbourne, 2012.

ASTLEY, THEA: *It's Raining in Mango.* New York, 1987.

BACHMANN, BILL und WINTON, TIM: *Local Colours: Travels in the Other Australia.* Hongkong, 1994; deutsch: *Australiens Farben.* München, 2003.

BLAINEY, GEOFFREY: *The Tyranny of Distance: How Distance Shaped Australia's History.* Melbourne, 1966.

BURKE, JANINE (Hrsg.): *Dear Sun. The Letters of Joy Hester and Sunday Reed.* Melbourne, 1995.

CARTER, PAUL: *Road to Botany Bay. An Exploration of Landscape and History.* London, 1987.

CHATWIN, BRUCE: *The Songlines.* London, 1987; deutsch: *Traumpfade.* München, 1990.

CLENDINNEN, INGA: *Dancing with Strangers: Europeans And Australians At First Contact.* Cambridge, 2005.

DAVIDSON, ROBYN: *Tracks.* London, 1980; deutsch: *Spuren.* Hamburg, 1982.

FACEY, ALBERT BARNETT: *A Fortunate Life*. Fremantle, 1981.

FINGER, HANS WILHELM: *Leichhardt. Die ganze Geschichte von F. W. Ludwig Leichhardt, Träumer, Forscher und Entdeckungsreisender in Australien*. Göttingen, 1999.

FRANKLIN, MILES: *My Brilliant Career*. Edinburgh, 1901.

GARNER, HELEN: *Yellow Notebook. Diaries Volume 1*. Melbourne, 2019.

GARNER, HELEN: *Monkey Grip*. Carlton, Victoria, 1977.

GARNER, HELEN: *The Children's Bach*. Melbourne, 1984; deutsch: *Das Haus an der Bunker Street*. Berlin, 2010.

HESELTINE, HARRY (Hrsg.): *The Penguin Book of Australian Verse*. Sydney, 1972.

HOSPITAL, JANETTE TURNER: *Oyster*. London, 1996; deutsch: *Oyster*. Köln, 1999.

JOHNSTON, GEORGE. *My Brother Jack*. London, 1964.

JONES, GAIL: *Five Bells*. London, 2011; deutsch: *Ein Samstag in Sydney*. Hamburg, 2013.

LAWRENCE, DAVID HERBERT: *Kangaroo*. London, 1923.

MALOUF, DAVID: *Remembering Babylon*. London, 1993; deutsch: *Jenseits von Babylon*. Wien, 1996.

MALOUF, DAVID: *A first place*. Sydney, 2014.

MALOUF, DAVID: *Johnno*. Brisbane, 1975.

MCPHEE, HILARY: *Other People's Words*. Sydney, 2001.

MODJESKA, DRUSILLA: *Exiles at Home*. Sydney, 1981.

MORGAN, SALLY: *My Place*. Fremantle, 1987; deutsch: *Ich hörte den Vogel rufen*. Berlin, 1999.

MURNANE, GERALD: *The Plains*. Melbourne, 1982; deutsch: *Die Ebenen*. Berlin, 2017.

NOOTEBOOM, CEES: *Leere umkreist von Land. Reisen in Australien*. Frankfurt/Main, 2008.

NOOTEBOOM, CEES: *Paradies verloren*. Frankfurt/Main, 2006.

PARRETT, FAVEL: *Past the Shallows.* Sydney, 2011; deutsch: *Jenseits der Untiefen.* Hamburg, 2013.

STOW, RANDOLPH: *The Merry-Go-Round in the Sea.* London, 1965.

STOW, RANDOLPH: *Tourmaline.* London, 1963.

TWAIN, MARK: *Following the Equator. A Journey Around the World.* Hartford, Connecticut, 1897; deutsch: *Reise um die Welt 1897.* Stuttgart, 1898.

WALL, DOROTHY: *Blinky Bill.* Sydney, 1939; deutsch: *Blinky Bill.* 1994.

WHITE, PATRICK: *Voss.* London, 1957; deutsch: *Voss.* Köln, 1958.

WINTON, TIM: *Breath.* Sydney, 2008; deutsch: *Atem.* München, 2008.

WINTON, TIM: *Dirt Music.* Sydney, 2001; deutsch: *Der singende Baum.* München, 2004.

WINTON, TIM: *Island Home. A Landscape Memoir.* Melbourne/Sydney, 2015; deutsch: *Inselleben. Mein Australien.* München, 2017.

WINCH, TARA JUNE: *The Yield.* Melbourne, 2019; deutsch: *Wie rote Erde.* Innsbruck, 2022.

WYLD, EVIE: *After the Fire, A Still Small Voice.* London, 2009.

YIN, GABRIELE (Hrsg.): *Der mit der Sonne kam. Erzählungen und Gedichte von Aborigines.* München, 1955.

Der Soundtrack zum Buch bei Spotify

https://sptlnk.com/woanders-wachsen-mangos

Über die Autorin

Cindy Ruch erzählt Geschichten von Reisen, Orten und Büchern. Sie ist Autorin, Reisejournalistin und Fotografin, studierte Internationale Literaturen in Tübingen und Brisbane, gründete das Literaturmagazin *[Lautschrift]* mit und absolvierte ihr Redaktionsvolontariat beim Globetrotter Magazin. Zweieinhalb Jahre verbrachte sie als Backpackerin, Studentin und Freiberuflerin in Australien. Neben Artikeln in verschiedenen Magazinen und Büchern erschienen zuletzt *Spielplatzguide Berlin* und *Europa mit dem Zug* bei Reisedepeschen. In der Australischen Botschaft Berlin zeigte sie 2015 ihre analoge Fotoausstellung *Australia is a myth of her mind* und zog zeitgleich in die Hauptstadt, wo sie nun zuhause ist.

BOOKS
AUSTRALIAN
FOUNDATION
10